Liebe Schülerinnen, liebe Schüler,

wenn ihr über ein wenig Basiswortschatz verfügt sowie Hände und Füße fleißig einsetzt, werdet ihr in Frankreich weder verhungern noch unter Brücken übernachten müssen. Sobald ihr euch aber auf Reisen oder während eines Austauschs mit Franzosen unterhalten wollt, werdet ihr feststellen: es geht doch nicht ohne Grammatik. Und dies gilt erst recht für den schriftlichen Ausdruck. Wenn ihr also das, was ihr euch nicht ohne Mühe im Unterricht erworben habt, festigen oder vertiefen – und eventuelle Lücken auffüllen – wollt, können euch die 99 grammatischen Übungen dieses Heftes helfen.

Das Heft ist für alle Schülerinnen und Schüler gedacht, die mit *Découvertes 5* und *Horizons* arbeiten. Es ermöglicht eine systematische Wiederholung der bisher behandelten Grammatikthemen in selbstständiger Einzelarbeit: Die Lösungsvorschläge am Ende des Heftes erlauben eine zuverlässige Kontrolle der eigenen Ergebnisse. Das Heft lässt sich auch begleitend zum Unterricht einsetzen und kann Stoff für zusätzliche Hausaufgaben liefern.

Zu jedem Abschnitt des Grammatischen Beihefts und zu den wichtigsten Grammatikthemen wird mindestens eine Aufgabe angeboten, wobei Verweise auf die jeweiligen Paragrafen* ein rasches Auffinden des Stoffes erleichtern. Die Aufgaben konzentrieren sich nicht nur, aber vor allem auf die Grammatik des Geschriebenen (Schrift und gesprochene Sprache unterscheiden sich im Französischen deutlich). Eine besondere Berücksichtigung finden jene Erscheinungen, die den deutschen Lerner vor größere Probleme stellen, zum Beispiel wenn die Strukturen der Fremdsprache von denen der Muttersprache stark abweichen.

Der grammatische Stoff wird, wo es geht, in Kontexte eingebettet (z. B. in Dialoge, Briefe, Schilderungen), um so Zusammenhänge zwischen Inhalten und sprachlicher Form deutlich zu machen. Im Heft kommen auch viele spielerische Aufgabenformen vor (Wortgitter, Zuordnungsübungen, Auswahlantworten usw.): Grammatik muss nicht unbedingt trocken sein!

Aus dem Grammatischen Beiheft ist euch die zusammenfassende Übersicht *Tout compris?* bereits bekannt. Unter demselben Titel findet ihr auch hier, am Ende jeder Lektion, eine resümierende Übung, die euch erlaubt zu testen, ob ihr den zuvor behandelten Lektionsstoff wirklich erfasst habt.

Viel Erfolg und möglichst auch ein wenig Spaß wünschen euch die Autoren.

## Inhalt

*Découvertes, Band 5*
Dossier 1 .......................... 2
Dossier 2 .......................... 6
Dossier 3 .......................... 9
Dossier 4 .......................... 14
Dossier 5 .......................... 19
A la carte 1 ........................ 24
A la carte 2 ........................ 28
A la carte 3 ........................ 31
A la carte 4 ........................ 34

*Horizons*
Modes et temps ..................... 38
Constructions et syntaxe ............ 45
Pronoms et déterminants ............. 52
Adjectifs, adverbes et prépositions ....... 61
Exercices mixtes et révisions ............ 65

Lösungen .................................................................... 70

---

* Die in der Titelleiste der Übungen erwähnten Paragraphen beziehen sich auf das grammatische Beiheft zu *Découvertes 5* (GBH 5) die Basisgrammatik (BG), Klett-Nr. 521708 und die Oberstufengrammatik (OG), Klett-Nr. 520932

# Dossier 1

Découvertes 5

**1 Chantez en travaillant!** → Das „Gérondif": Bildung und Gebrauch, GBH 5 § 1, BG § 94

*Trouvez les bonnes formes du gérondif et écrivez-les dans la grille. N'oubliez pas les accents!*

| Horizontal | Vertical |
|---|---|
| 1. *être:* en _____ | 11. *paraître:* en _____ |
| 2. *se produire:* en se _____ | 12. *suffire:* en _____ |
| 3. *décrire:* en _____ | 13. *déplacer:* en _____ |
| 4. *s'asseoir:* en _____ | 14. *ranger:* en _____ |
| 5. *apprendre:* en _____ | 15. *avoir:* en _____ |
| 6. *fuir:* en _____ | 16. *éteindre:* en _____ |
| 7. *interdire:* en _____ | 17. *plaire:* en _____ |
| 8. *faire:* en _____ | 18. *sentir:* en _____ |
| 9. *finir:* en _____ | 19. *revoir:* en _____ |
| 10. *croire:* en _____ | 20. *naître:* en _____ |

> Das *Gérondif* setzt sich aus „*en*" und aus der 1. Person Plural Präsens + -ant zusammen.

2

# Découvertes 5

## Dossier 1

### 2 Sébastien est amoureux

→ Das „Gérondif": Bildung und Gebrauch, GBH 5 § 1, BG § 94

*Refaites les phrases en utilisant le gérondif, là où c'est possible.*

*Exemple:* Vous pouvez raconter l'histoire de Sébastien de cette façon: utilisez le gérondif.
→ Vous pouvez raconter l'histoire de Sébastien en utilisant le gérondif.

1. Sébastien pensait déjà à Juliette <u>quand il s'est réveillé</u>.

   → _____

2. Et maintenant, <u>pendant qu'il prend son petit-déjeuner</u>, il pense encore à elle.

   → _____

3. Il sort de la maison, <u>et il rêve de Juliette</u>.

   → _____

4. Hier, <u>quand ils se sont promenés sur la jetée</u>, il a eu envie de lui prendre la main.

   → _____

5. Et ce matin, <u>quand il la voit sur la plage</u>, il comprend qu'il est amoureux d'elle.

   → _____

6. Il pense: «Je peux essayer de l'intéresser <u>comme ça: je vais l'inviter au cinéma</u>».

   → _____

7. Mais quand il arrive près de Juliette, elle lui dit: «Salut, Sébastien! Tu sais, j'ai deux tickets pour le concert

   de ce soir. Tu me ferais vraiment plaisir <u>si tu y allais avec moi</u>».

   → _____

8. Il répond: «Pourquoi pas?» <u>Et il devient rouge comme une tomate</u>.

   → _____

### 3 Ça lui fera plaisir ...

→ Das „Gérondif": Bildung und Gebrauch, GBH 5 § 1, BG § 94

*Refaites les phrases suivantes en utilisant une autre forme que le gérondif. Puis, indiquez pour chaque phrase la fonction du gérondif: **T** (temps), **M** (manière) ou **C** (condition). Cochez la solution.*

*Exemple:* En nous promenant, nous avons rencontré Léa.
→ Quand nous nous sommes promené(e)s/pendant que nous nous promenions, nous avons rencontré Léa (**T**).

|  | T | M | C |
|---|---|---|---|
| 1. En lui envoyant ces photos, tu lui feras plaisir. | | | |
| 2. Ferme bien la porte en quittant la maison. | | | |
| 3. En étant partie plus tôt, elle n'aurait pas raté son train. | | | |
| 4. Je peux très bien travailler en écoutant de la musique. | | | |
| 5. J'ai perdu 5 kilos en faisant plus de sport. | | | |
| 6. Mon frère a eu un accident en roulant trop vite. | | | |

# Dossier 1

Découvertes 5

**4** **Se parler pour mieux se connaître** → Infinitivsätze mit *pour, sans, avant de, après*, GBH 5 § 2, BG § 93

*Juliette discute avec Sébastien. Transformez les phrases en utilisant «pour», «sans», «avant de» ou «après» et l'infinitif.*

| *Ex.: Juliette:* Moi, le matin, je quitte la maison: je ne mange rien. | **avant** | *Moi, le matin, je ne mange rien avant de quitter la maison.* |
|---|---|---|
| 1. *Sébastien:* C'est vrai? Moi, je ne peux rien faire si je n'ai pas pris un bon petit-déjeuner. | **sans** | _____ _____ |
| 2. Et surtout, j'ai besoin de café, sans ça, je m'endors pendant les cours. | **pour** | _____ _____ |
| 3. *J.:* Moi, je dois faire très attention en classe, autrement, je ne comprends pas tout. | **pour** | _____ _____ |
| 4. Et quand je suis restée assise toute la journée, j'ai besoin d'aller faire du sport. | **après** | _____ _____ |
| 5. *S.:* Moi, quand je suis énervé, j'écoute de la musique. Comme ça, je retrouve mon calme. | **pour** | _____ _____ |
| 6. *J.:* Tu n'as pas envie de venir chez moi? On peut écouter de la musique. Après, on ira au cinéma. | **avant** | _____ _____ |

**5** **On peut y arriver sans faire de fautes** → Infinitivsätze mit *pour, sans, avant de, après*, GBH 5 § 2, BG § 93

*Cochez la bonne solution.*

1. Ils ont quitté le restaurant
   - ☐ après y avoir mangé une pizza.
   - ☐ après avoir y mangé une pizza.
   - ☐ après y manger une pizza.

2. Je te donne mon numéro de portable maintenant
   - ☐ pour pas l'oublier.
   - ☐ pour ne pas l'oublier.
   - ☐ pour pas ne l'oublier.

3. J'espérais rencontrer mes cousins à la fête, mais je suis reparti
   - ☐ sans pas les avoir vus.
   - ☐ sans les avoir vus.
   - ☐ sans de les avoir vus.

4. Réfléchis bien à ce que tu veux lui dire,
   - ☐ avant à lui parler.
   - ☐ avant lui parler.
   - ☐ avant de lui parler.

5. Nous avons éteint la lampe
   - ☐ pour ne réveiller personne.
   - ☐ pour ne pas réveiller personne.
   - ☐ pour de ne réveiller personne.

# Découvertes 5 — Dossier 1

6. Juliette s'est éloignée

- ☐ sans dire rien.
- ☐ sans ne rien dire.
- ☐ sans rien dire.

7. Je n'ai que des vieux jeans, mais je veux perdre 2 ou 3 kilos

- ☐ avant d'acheter un autre.
- ☐ avant d'en acheter un autre.
- ☐ avant en acheter un autre.

8. Elle s'est allongée sur le sable

- ☐ après être se baigner.
- ☐ après de se baigner.
- ☐ après s'être baignée.

## 6  Tout compris?

*Traduisez les phrases en français. Utilisez le gérondif, là où c'est possible.*

1. Nachdem sie auf der Mole spazieren gegangen waren, diskutierten Julie und Sébastien und tranken dabei eine Cola.

   → _____

   _____

2. Bevor er ihr Auf Wiedersehen sagte, sah er sie an und lächelte dabei.

   → _____

3. Als sie aufstand, um zu gehen, hat er sie nach ihrer Handynummer gefragt.

   → _____

4. Nachdem sie lange ihren Kugelschreiber gesucht hatte, nahm sie Sébastiens Hand, um (dort) die Nummer draufzuschreiben.

   → _____

   _____

5. Dann hat sie seinen Arm gestreichelt und  dabei gesagt: „Lern sie auswendig, bevor du dich wäschst."

   → _____

   _____

6. Und sie ist weggelaufen, ohne sich umzudrehen.

   → _____

7. Während sie sich entfernt, schaut Sébastien ihr nach (… sie an) und denkt dabei:
   „Ich muss sie unbedingt wieder sehen, bevor ich Cancale verlasse. Ich werde sie heute Abend anrufen, um sie ins Kino einzuladen."

   → _____

   _____

   _____

C'est en rappant qu'on devient rappeur!

5

# Dossier 2

## Découvertes 5

**7** **Il faudrait que vous remplissiez cette grille** → Der „Subjonctif" (Die Bildung des *subjonctif présent*; Wdh., vgl. GBH 4 § 1, BG § 33)

*Complétez la grille.*

| Infinitif | Présent | Subjonctif | Conditionnel |
|-----------|---------|------------|--------------|
| 1. avoir | ils _____ | que j' _____ | nous _____ |
| 2. enlever | tu _____ | que nous _____ | ils _____ |
| 3. craindre | nous _____ | qu'il _____ | vous _____ |
| 4. être | nous _____ | que vous _____ | elles _____ |
| 5. venir | elle _____ | que je _____ | vous _____ |
| 6. faire | vous _____ | que tu _____ | on _____ |
| 7. boire | ils _____ | que vous _____ | nous _____ |
| 8. pouvoir | je _____ | que nous _____ | vous _____ |
| 9. aller | tu _____ | que j' _____ | elle _____ |
| 10. voir | nous _____ | qu'elles _____ | tu _____ |
| 11. vouloir | elles _____ | que je _____ | nous _____ |
| 12. préférer | il _____ | que vous _____ | nous _____ |

**8** **Ce serait bien que vous compreniez** → Der Gebrauch des *subjonctif*; Wdh, vgl. GBH 4 § 2, BG § 33

*Transformez les phrases. Utilisez le subjonctif, l'infinitif, l'indicatif ou le conditionnel.*

*Exemple:* Parlons ensemble, il le faut. → Il faut que nous parlions ensemble.

1. Nous allons arriver en retard, je le crains.

   → _____

2. Tu devrais lui écrire pour t'excuser, je crois.

   → _____

3. Cet été, mes parents vont visiter Cuba. Ils en ont très envie.

   → _____

4. On prend ta voiture pour aller à la fête? Je préférerais.

   → _____

5. Vous reviendrez nous voir bientôt, j'espère.

   → _____

6. Juliette est très sympa, nous trouvons.

   → _____

7. Je ne danse jamais, je déteste ça.

   → _____

8. Sa copine ne veut plus lui parler. Il en est très malheureux.

   → _____

# Découvertes 5 — Dossier 2

**9 On ne devient pas une star sans travailler** → Der „Subjonctif"nach Konjunktionen, GBH 5 § 3, BG § 48

*Subjonctif, infinitif ou indicatif? Rayez (durchstreichen) la mauvaise solution.*

Rachid, un ado de la troupe de Nathan, raconte:
**Avant que je sois/Avant d'être** dans le groupe de Nathan, je zonais du matin au soir. Il m'a accepté **sans que je sache/sans savoir** chanter ni danser, et depuis que **j'apprenne/j'apprends** la musique avec lui, j'ai fait du chemin. Il faut dire qu'on travaille dur: pas de mercredi, pas de vacances sans que nous **avons/ayons** des répétitions. On y vient toujours, parce qu'on **sache/sait** qu'on doit s'entraîner sérieusement **pour devenir/pour qu'on devienne** vraiment bons.
Moi, comme ma voix **ne soit/n'est** pas super, j'apprends surtout à danser avec Christelle. C'est elle qui est notre prof de danse, pendant que Nathan **apprenne/apprend** à chanter aux autres. Parfois, on danse jusqu'à ce que nos jambes **soient/sont** dures comme du béton. Christelle est très stricte. Elle dit toujours: «Vous ne deviendrez pas des stars sans **que vous travailliez/sans travailler**.» Nous savons qu'elle a raison: pour que le spectacle **soit/est** réussi, nous devons nous entraîner beaucoup, bien que **c'est/ce soit** très dur. C'est parce que nous **fassions/faisons** ces efforts que nous avons du succès. En tous cas, **avant que je rencontre/avant de rencontrer** Nathan, ma vie était plutôt nulle. Depuis que je le **connaisse/connais**, je sais pourquoi je vis. Il est comme un grand frère pour moi.

**10 Je ne trouve pas que ça soit trop difficile** → Der „Subjonctif" nach Verben und Ausdrücken des Denkens und Meinens, GBH 5 § 4, BG § 48

*Ecrivez deux réponses à chaque question, l'une affirmative, l'autre négative.*

1. Il sait parler italien? Tu en es sûr?

   → Oui, je suis sûr qu' _____

   → Non, je ne suis pas sûr qu' _____

2. Votre fils va travailler à Dakar, vous en êtes contents?

   → Oui, nous sommes contents que _____

   → Non, nous ne sommes pas contents que _____

3. On peut faire cette excursion en 3 heures, non? Qu'est-ce que tu en penses?

   → Je pense qu' _____

   → Je ne pense pas qu' _____

4. Elle veut devenir une star. Tu crois que c'est possible?

   → Oui, il est possible qu' _____

   → Non, il est impossible qu' _____

**11 Laissez-moi faire ce que je veux** → „faire faire" + „laisser faire", GBH 5 § 5

*Utilisez les bonnes formes de «laisser» ou «faire» pour compléter les phrases.*

1. Je connais bien le chanteur, je suis sûr qu'il nous _____ entrer sans nous _____ payer.

2. Quand j'étais petit, mes parents m'ont _____ apprendre le piano, mais j'ai tout oublié.

3. Je suis fatiguée, j'aimerais bien que vous me _____ dormir.

4. Certains profs nous _____ faire des exos difficiles, d'autres nous _____ faire ce qu'on veut.

5. L'histoire que tu as racontée ne nous a pas _____ rire.

6. Mes parents ne veulent pas me _____ partir en vacances.

7

# Dossier 2

## Découvertes 5

### 12 Pour vous faire réfléchir un peu

→ „faire faire" + „laisser faire", GBH 5 § 5

*Mettez les mots dans le bon ordre.*

1. les | Nous | surprise | fait | pour | venir | une | avons | faire | leur

   → _____

2. me | partir | ne | laisser | en | Ils | pas | vacances | veulent

   → _____

3. ranger | faire | leurs | leur | faudrait | affaires | Il

   → _____

4. pas | que | nous | L' | as | tu | fait | a | racontée | rire | histoire | ne

   → _____

5. sortir | avant | lui | de | ses | Faites | laisser | devoirs | la | faire

   → _____

6. J' | plus | lui | voir | que | faire | le | veux | aimerais | ne | comprendre | je

   → _____

### 13 Tout compris?

**a** *Madame Martin a un problème avec son fils. Complétez le texte en utilisant les éléments dans la marge (Rand).*

Non, vraiment, ça ne nous plaît pas que _____ amoureux de cette

fille. Toi, tu aimerais que _____ gentils avec elle, mais je crois

qu'_____ rien pour que _____.

Elle arrive sans _____ bonjour et ne dit jamais au revoir. Je ne pense pas que

_____ méchants, mais il faut que _____

une chose: tout allait mieux avant _____.

> tu/être
> nous/être
> elle/faire
> nous/l'aimer
> dire
> nous/être
> tu/savoir
> tu/la connaître

**b** *Traduisez les phrases.*

1. Sie kann nicht ins Konzert gehen, ihre Eltern lassen sie abends nicht ausgehen.

   → _____

   _____

2. Ihr Lehrer ließ sie einen sehr schwierigen Text übersetzen.

   → _____

3. Bekommst du diese Übung nicht hin (fertig)? Lass mich dir helfen.

   → _____

4. Da die Schüler Dummheiten gemacht hatten, ließ sie der Schulleiter in sein Büro kommen.

   → _____

8

# Découvertes 5

**Dossi**

### 14 C'est celui-là que je préfère

→ Das Demonstrativpronomen, GBH 5 § 6, BG § 77

*Complétez les phrases avec un adjectif démonstratif (ce, cet, cette, ces) ou un pronom démonstratif (celui, celle, ceux, celles).*

– Elles sont jolies, _____ chaussures! Elles sont neuves?

– Oui, c'est _____ j'ai achetées pour partir en vacances.

– A propos, c'était bien, _____ séjour à la ferme?

– Super. Je ne comprends pas _____ disent qu'on ne peut rien faire à la campagne. Regarde mes photos,

tu vois _____ grande maison, là? C'est _____ j'habitais.

– Et qui sont tous _____ gens sur _____ deux photos?

– Sur _____, on voit la famille de Gaston, le paysan. Mais _____ je préfère,

c'est _____ : c'est _____ on voit tous mes copains.

– Sauf _____ a pris la photo, évidemment.

– C'est vrai. C'est dommage, c'est _____ je m'amusais le plus.

– Et _____ deux beaux mecs, là, c'est qui?

– Ah, ça, c'est Julien et Nico, _____ avaient le plus de succès … _____ a un pantalon rouge,

c'est Julien, _____ presque toutes les filles étaient amoureuses. Mais moi, _____

je préfère, c'est Nico.

– Et pourquoi est-ce que tu as pris une photo de _____ arbre?

– Eh bien, _____ bel arbre, c'est _____ Nico a écrit nos deux noms, dans un cœur.

### 15 Qui l'aurait cru?

→ Das „Conditionnel passé": Bildung und Gebrauch, GBH 5 § 7, BG §§ 32, 47

*Complétez la grille.*

| Infinitif | Futur simple | Conditionnel présent | Conditionnel passé |
|---|---|---|---|
| 1. avoir | vous _____ | elles _____ | tu _____ |
| 2. recevoir | tu _____ | je _____ | nous _____ |
| 3. marcher | elles _____ | tu _____ | vous _____ |
| 4. revenir | je _____ | nous _____ | elle _____ |
| 5. être | vous _____ | on _____ | vous _____ |
| 6. s'asseoir | tu _____ | vous _____ | je _____ |
| 7. croire | ils _____ | je _____ | nous _____ |
| 8. pouvoir | vous _____ | tu _____ | on _____ |
| 9. vivre | je _____ | ils _____ | tu _____ |
| 10. repartir | elles _____ | nous _____ | ils _____ |
| 11. savoir | vous _____ | je _____ | il _____ |
| 12. s'en aller | je _____ | vous _____ | elles _____ |

# Dossier 3

**Découvertes 5**

**16** **Si j'avais gagné un million ...**   → Der Bedingungssatz (III), GBH 5 § 8, BG § 92

*Mettez les phrases au passé.*

*Exemple:* Si je pouvais, je partirais en vacances. → Si j'avais pu, je serais parti(e) en vacances.

1. Elle serait très heureuse si nous l'invitions à la fête.
   _____

2. Si je gagnais un million, je t'offrirais une belle voiture.
   _____

3. S'il ne pleuvait pas, nous pourrions aller faire un pique-nique.
   _____

4. A ta place, je partirais sans attendre.
   _____

5. Si vous passiez par Dijon, vous arriveriez à l'heure.
   _____

6. Si vous vous entraîniez plus souvent, vous nageriez plus vite.
   _____

7. Si tu te couchais à 9 heures, tu ne t'endormirais pas pendant le cours.
   _____

8. Si je connaissais son adresse, je lui enverrais une carte postale.
   _____


**17** **Qu'est-ce qui serait arrivé?**   → Der Bedingungssatz (III), GBH 5 § 8, BG § 92

*Faites des phrases au passé à partir des mots suivants:*

1. Si   elle   faire attention,   ne pas tomber
   → _____

2. Si   vous   ne pas les énerver,   elles   ne pas partir
   → _____

3. Si   tu   nous   téléphoner   nous   aller   te chercher à la gare
   → _____

4. Si   je   me réveiller   plus tôt,   je   ne pas arriver   en retard
   → _____

5. Si   elles   être chez elles,   nous   leur rendre visite   sûrement
   → _____

6. Si   nous   ne pas se disputer,   elle   rester avec moi
   → _____

7. Si   je   ne pas perdre   mon porte-monnaie,   je   prendre   des billets pour le concert
   → _____

8. Si   cette voiture   ne pas coûter   aussi cher,   je   l'acheter
   → _____

# Découvertes 5                                                    Dossier 3

**18** **Qu'est-ce qu'il a dit?**                    → Die Zeitenfolge in der indirekten Rede, GBH 5 § 9, BG § 91

*Ecrivez les phrases suivantes à la forme indirecte au passé.*

| | |
|---|---|
| *Ex.: Bouba:* | «J'ai peur de devoir aller en prison».<br>→ Bouba a dit à ses copains *qu'il avait peur de devoir aller en prison.* |
| 1. *Le juge:* | «Vous devrez faire des TIG pendant un mois».<br>→ Le juge a expliqué aux jeunes _____ <br> |
| 2. | «C'est votre dernière chance avant la prison».<br>→ Il a ajouté _____ <br> |
| 3. *David:* | «Est-ce que je pourrai emmener mon pit-bull?»<br>→ David a demandé à Amar _____ <br> |
| 4. *Les habitants du village:* | «Vous n'auriez pas dû inviter ces jeunes».<br>→ Les habitants du village ont dit à Mme le Maire _____ <br> |
| 5. | «Vous n'avez pas peur qu'ils cassent tout?»<br>→ Ils lui ont demandé _____ <br> |
| 6. *Anaïs:* | «Demain, il faudra que tu viennes m'aider».<br>→ Anaïs a expliqué à Bouba _____ <br> |
| 7. *Le vieux paysan:* | «Où étais-tu hier? Je t'ai attendu toute la journée».<br>→ Le vieux paysan a demandé à Assane _____.<br>Il a ajouté _____ <br> |
| 8. *Amar:*<br>   *(à Luigi)* | «Pourquoi est-ce que tu as chanté le coran sur le clocher de l'église?»<br>→ Amar a voulu savoir _____ <br> |
| 9. *Bébert:* | «Vous êtes là pour travailler. Vous devriez arrêter de discuter».<br>→ Bébert a dit à Jean-Rachid et à David _____ <br> |
| 10. *Jean-Rachid:* | «Si j'avais su que Bébert nous énerverait, j'aurais choisi un autre chantier».<br>→ Jean-Rachid a avoué à David _____ <br> |

# Dossier 3  Découvertes 5

**19  Des pronoms que vous connaissez déjà …**  → Relativpronomen, Wiederholung, BG §§ 70–74

*Cochez la bonne réponse.*

1. Paris est la ville
   - ☐ que
   - ☐ qui
   - ☐ laquelle
   
   me plaît le plus.

2. Je te montrerai le village
   - ☐ auquel
   - ☐ dont
   - ☐ où
   
   je rêve de vivre.

3. C'est une machine
   - ☐ avec laquelle
   - ☐ à laquelle
   - ☐ de laquelle
   
   on travaille dans les champs.

4. Voilà Bouba, le garçon
   - ☐ qu'
   - ☐ dont
   - ☐ auquel
   
   Anaïs est amoureuse.

5. Jean-Rachid doit nettoyer le terrain de foot
   - ☐ sur lequel
   - ☐ sur quel
   - ☐ auquel
   
   l'herbe est très haute.

6. David pense à son pit-bull
   - ☐ quel
   - ☐ qu'
   - ☐ ce qu'
   
   il n'a pas pu emmener.

7. Madame le Maire voudrait savoir
   - ☐ ce qu'
   - ☐ qu'
   - ☐ ce qui
   
   intéresse les jeunes.

8. Les jeunes ont des problèmes
   - ☐ dont
   - ☐ auxquels
   - ☐ qu'
   
   ils ne veulent pas penser.

# Découvertes 5                                                    Dossier 3

## 20 Tout compris?

**a** *Transformez les phrases.*

*Exemple:* Je n'avais pas d'argent pour prendre le bus, alors je suis rentré(e) à pied.
→ Si j'avais eu de l'argent pour prendre le bus, je ne serais pas rentré(e) à pied.

1. Comme ils ont fait des bêtises, ils ont eu des problèmes avec la police.

   → _____

2. Elle se sentait mal. C'est pourquoi elle est partie.

   → _____

3. Le prof n'a pas bien expliqué la leçon, alors nous n'avons pas tout compris.

   → _____

4. Je l'ai invitée au restaurant parce que je la trouvais sympa.

   → _____


**b** *Utilisez les pronoms et adjectifs démonstratifs ci-dessous pour compléter les phrases.*

ces    cet    celle où    ceux qui
cette
celui dont    ceux que    celle-ci    celle-là

1. Comment, tu ne connais pas _____ acteur? C'est _____ tout le monde parle.
2. _____ deux jupes me plaisent; je ne sais pas si je préfère _____ ou _____ .
3. J'ai rangé les CD: d'un côté, _____ j'écoute souvent, et de l'autre, _____ plaisent

   surtout à mon frère.
4. Tu vois _____ école? C'est _____ j'ai appris à lire.


**c** *Utilisez les verbes dans la marge (Rand) pour compléter le texte.*

Mardi, j'ai rencontré Delphine. Comme j'ai trouvé qu'elle n'_____ pas l'air          avoir

en bonne santé, je lui ai demandé si elle _____ bien. Elle m'a                          se sentir

répondu qu'elle _____ malade la veille, mais elle a ajouté qu'elle          être

_____ 12 heures, et qu'elle _____ déjà          dormir/sentir

mieux. Elle pensait qu'elle _____ en forme le lendemain, Je lui ai dit que          être

j'_____ bien aller au cinéma avec elle, quand elle en _____ envie.          aimer/avoir

Elle a répondu qu'on _____ y aller samedi. Elle a proposé qu'on _____          pouvoir/aller

voir «Indiana Jones», et j'ai accepté. Je n'ai pas voulu lui dire que je l'_____ déjà          voir

_____ , j'avais trop peur qu'elle ne _____ plus aller au cinéma avec moi.          vouloir

13

# Dossier 4                                             Découvertes 5

**21** **Mettez-les dans le bon ordre!**   → Die verbundenen Objektpronomen und die Pronomen „en" und „y";
Wiederholung, BG §§ 63 – 68

*Mettez les mots dans le bon ordre pour compléter les phrases.*

1. Hier, j'ai acheté trois CD, mais

   les | pas | je | encore | ne | écoutés | ai

   → _____

2. Nous adorons l'Allemagne,

   quatre | déjà | y | allés | nous | fois | sommes

   → _____

3. Il ne peut pas écrire à Michaela,

   adresse | oublié | demander | il | lui | son | de | a

   → _____

4. Heureusement que nous avons pris un parapluie,

   nous | sûrement | allons | besoin | en | avoir

   → _____

5. Comme nous ne parlions pas la même langue,

   à | avons | nous | pas | comprendre | nous | réussi | n'

   → _____

6. Tu n'as pas envie de passer la soirée avec eux? Moi non plus.

   où | leur | nous | disons | allons | Ne | pas

   → _____

7. J'ai essayé de me renseigner, mais

   dire | n' | était | qui | a | s' | personne | me | passé | ce | pu

   → _____

8. Vous pouvez manger du chocolat, mais

   peu | laisser | en | pensez | pour | un | frère | à | votre

   → _____

9. Vous avez déjà visité la vieille ville? Oui,

   y | hier | nous | promenés | sommes | nous | matin.

   → _____

10. Je te quitte, je dois aller chez Malika.

    devoirs | à | promis | ses | Je | l' | ai | lui | aider | de | faire

    → _____

14

# Découvertes 5 — Dossier 4

**22  Je te l'avais bien dit!**   → Die Reihenfolge der Pronomen im Satz, GBH 5 § 10, BG § 68

*Utilisez les pronoms qui conviennent pour compléter les phrases.*

1. – Tu as déjà demandé <u>à tes parents</u> si tu pouvais passer le week-end chez moi?
   – Oui, je _____ _____ ai parlé hier. Et je sais qu'<u>ils sont d'accord</u>. Ils _____ _____ ont dit.
   – Super! Tu vas voir, j'ai <u>plein de nouveaux copains</u>, je vais _____ _____ présenter. Ils ont tous envie de te connaître, depuis qu'ils ont vu les photos des vacances.
   – Quoi? Ils ont vu <u>ces photos</u>?
   – Bien sûr, je _____ _____ ai montrées. Tu sais déjà comment tu iras <u>à la gare</u>?
   – Non, pas encore. J'espère que mon père voudra bien _____ _____ accompagner.

2. *Deux jours plus tard …*
   – Mauvaise nouvelle. Je crois que je ne pourrai pas aller chez toi.
   – Pourquoi? Il <u>y a un problème</u>?
   – Euh … pas encore, mais il va _____ _____ avoir un si je montre <u>ma note à mes parents</u>.
   – Et qui est-ce qui t'oblige à _____ _____ montrer?
   – Ils contrôlent toujours mes devoirs. Surtout <u>mon père</u>. Et quand <u>j'ai une mauvaise note</u>, il vaut mieux que je _____ _____ dise tout de suite parce qu'<u>il</u> finit toujours par _____ _____ apercevoir.
   – Mais tes parents <u>t</u>'ont promis <u>que tu pourrais venir</u>.
   – Oui, ils _____ _____ ont promis. Mais <u>ils</u> veulent <u>que j'apprenne mes leçons</u>, et ça, je _____ _____ ai promis aussi.

3. *Le samedi …*
   – Alors? Tu peux venir ou non?
   – Oui!!! Finalement, je n'ai pas dit <u>à mes parents que j'avais eu une mauvaise note</u>, je _____ _____ raconterai après le week-end … Et toi, tu as acheté les tickets pour le concert de rap?
   – Pas encore, je n'étais pas sûre que <u>tu</u> viendrais, alors je ne savais pas s'il _____ _____ faudrait un. Mais je vais _____ _____ occuper tout de suite. Et ensuite, <u>je</u> vais m'acheter <u>une robe</u>. Enfin, je vais demander à ma mère de _____ _____ offrir. Et je suis sûre qu'<u>elle</u> voudra bien, parce que j'ai eu <u>une très bonne note</u> en <u>maths</u>, et je _____ _____ ai montrée.

Die Pronomen „y" und „en" stehen immer nach den direkten und indirekten Objektpronomen.

15

# Dossier 4                                                                              Découvertes 5

**23** **Des problèmes? Il n'y en a pas.**                    → Die Reihenfolge der Pronomen im Satz, GBH 5 § 10, BG § 68

*Répondez aux questions. Utilisez deux pronoms et les éléments dans la marge (Rand).*

*Exemple:* Tu as montré tes photos à Malika?
– Non, je vais les lui montrer demain.

1. Tu as envoyé une carte postale à tes grands-parents?

   – _____

2. Est-ce que vous avez expliqué à votre fille qu'elle devrait travailler plus?

   – _____

3. Il n'a pas encore dit à ses parents qu'il avait eu un accident?

   – _____

4. Est-ce qu'il y a beaucoup de touristes sur cette plage?

   – _____

5. Est-ce que Victor a invité tes sœurs à sa fête?

   – _____

6. Est-ce que le proviseur a présenté Michaëla aux élèves?

   – _____

> Non … demain
>
> Bien sûr … hier
>
> Mais oui … souvent
>
> Si … déjà
>
> Non … presque pas
>
> Non, je ne crois pas
>
> Oui … ce matin

**24** **Ne vous en faites pas!**                             → Zwei Pronomen beim Imperativ, GBH 5 § 11, BG § 69

*Complétez les phrases en employant l'impératif des verbes entre parenthèses et deux pronoms.*

*Exemple:* Oh, maman, j'ai très envie de ces chaussures. Sois gentille, *(acheter)* achète-les-moi.

1. Mon chien adore les bonbons, mais surtout *(ne pas donner)* _____, c'est mauvais pour

   sa santé.

2. Monsieur, nous n'avons pas bien compris la leçon, *(expliquer)* _____ encore une fois,

   s'il vous plaît.

3. S'ils vous énervent, *(dire)* _____ clairement, et ils arrêteront.

4. Je ne voudrais pas que mon copain voie ces photos, *(ne pas montrer)* _____, je t'en prie.

5. Nous n'avons pas envie qu'elles connaissent notre projet, n'est-ce pas? Alors, *(ne pas parler)*

   _____.

6. Eh! Ne bois pas tout le coca, j'en veux aussi. *(laisser)* _____ un peu.

7. Elle aurait besoin de perdre quelques kilos, mais si vous la voyez, *(ne pas dire)* _____, ça la

   met en colère.

8. J'aimerais bien avoir des nouvelles de Cédric. Si tu apprends quelque chose, *(faire savoir)*

   _____.

9. Elle est bien, cette photo de Michaëla. *(envoyer)* _____, elle sera sûrement contente.

10. Vous pouvez prendre mes CD pour aller chez votre copain, mais *(ne pas oublier)* _____.

16

# Découvertes 5

# Dossier 4

**25 Ce n'est pas ma faute, c'est la tienne!**

→ Die Possessiv- und Demonstrativpronomen, GBH 5 §§ 6, 12, BG §§ 77–78

*Complétez les phrases à l'aide d'un pronom possessif (le mien, etc.), d'un déterminant possessif (mon, etc.), d'un pronom démonstratif (celui, etc.) ou d'un déterminant démonstratif (ce, etc.).*

1. – Ils sont à qui, _____ CD qui traînent sur la table? Ce sont les _____?

   – Non, ce ne sont pas _____. Ce sont sûrement _____ mon frère, il ne range jamais _____ affaires.

2. – Mme Martin, j'ai un problème. Je dois aller en ville et je n'ai pas de voiture. _____ ne marche pas, et mon mari est parti travailler avec _____.

   – Et _____ voiture-là, devant la porte?

   – C'est _____ mon fils. Mais je ne sais pas où sont _____ clés.

3. Hier, j'ai vu les Dupont se promener avec _____ chien.

   – Tu veux parler de _____ petit chien noir? Ce n'est pas _____, c'est _____ de Marc.

   – Ah bon? De toute façon, il est moins beau que _____, tu ne trouves pas?

   – Ça, c'est vrai. _____ chien, c'est le plus mignon. C'est pour ça que nous l'adorons.

4. – Arrêtez! Vous ne pouvez pas prendre _____ vidéos, ce ne sont pas _____.

   – Quoi? Mais si, ce sont _____. N'est-ce pas, Victor?

   – Bien sûr, ce sont _____ vidéos, nous les avons achetés ce matin.

   – Oh … excusez-moi, je croyais que c'étaient _____.

5. J'ai invité les nouveaux voisins. Ils sont venus samedi avec _____ trois enfants. Je suis heureuse que _____ enfants s'entendent bien avec _____. Eux aussi: là où ils habitaient avant, _____ voisine détestait _____ enfants, et ne les laissait pas jouer avec _____.

**26 Tout compris?**

**a** *Traduisez les phrases. Faites attention aux pronoms.*

1. Er hatte Schokolade, aber er hat mir keine (davon) gegeben.

   _____

2. Wir kennen diese Geschichte, du hast sie uns schon erzählt.

   _____

3. Gehst du zu Nicolas? Warte, ich werde dich dorthin begleiten.

   _____

4. Sie haben deine Fotos noch nicht gesehen, du solltest sie ihnen zeigen.

   _____

5. Wenn sie Auskünfte möchte, können wir ihr welche geben.

   _____

6. Was habt ihr getan? Bitte sagt es mir.

   _____

17

**Dossier 4**

Découvertes 5

**b** *Complétez les réponses par des pronoms possessifs (les miens, le tien, la nôtre ...).*

1. Elle est belle, cette maison. C'est celle de tes parents? – Oui, c'est bien _____ .

2. C'est ici que tu as acheté tes chaussures? – Non, _____ , je les achète toujours

   dans l'autre magasin.

3. A qui sont tous ces t-shirts? – Ce sont _____ , nous n'avons pas eu le temps de les ranger.

4. Regardez notre nouvelle voiture. Elle vous plaît? – Oui, mais je ne savais pas que c'était _____ .

5. J'ai un beau jardin, mais celui des Dupont est encore plus beau. – C'est vrai, _____ est

   magnifique.

6. Ce sont tes cahiers? – Non, ce ne sont pas _____ .

18

Découvertes 5  **Dossier 5**

**27** **Es-tu curieux?**  → Die Fragepronomen „lequel" und „quoi", GBH 5 § 13, BG §§ 75–76

*Faites le test. Complétez les questions en vous aidant des réponses. Utilisez la bonne forme du pronom interrogatif «lequel» ou «quoi», avec une préposition là où c'est nécessaire. Employez l'interrogation par inversion du sujet quand c'est possible.*

Exemple: De ces deux métiers, <u>lequel te plairait le plus</u>?
  Celui qui me plairait le plus, c'est   *   archéologue.   •   conducteur de bus.

| 1. Le matin, quand tu te réveilles, <br><br>_____ <br><br> Je pense avec plaisir <br> • à mes copains que je connais bien.  * à toutes les bonnes surprises qui m'attendent. |
|---|
| 2. Parmi les stars que tu connais, <br><br>_____ <br><br> * J'aimerais rencontrer Yannick Noah.  • Je n'aimerais en rencontrer aucune. |
| 3. Si tu devais aller vivre dans un autre pays, <br><br>_____ <br><br> • J'aimerais aller dans un pays européen.  * J'aimerais aller vivre à Cuba. |
| 4. Tu regardes des prospectus de publicité pour des voyages. <br><br>_____ <br><br> Je m'intéresse: <br> * à celui qui propose une semaine au Mali.  • à celui qui propose 15 jours dans un hôtel avec piscine. |
| 5. Tu as le choix entre deux programmes à la télévision. <br><br>_____ <br><br> Je me décide pour: <br> * une émission sur les animaux en Afrique.  • un film que j'ai déjà vu. |
| 6. Avec tes amis, <br><br>_____ <br><br> J'aime parler: <br> * des nouveaux spectacles qu'on peut voir.  • de n'importe quoi, ce n'est pas important. |
| 7. Aujourd'hui, tu as le choix entre deux groupes d'amis. _____ <br> Je vais passer ma journée: <br> * avec ceux qui vont voir une exposition.  • avec ceux qui décident de rester à la maison. |

→ Tu a une majorité de *:   tu es très curieux ou curieuse. Il te faut toujours des situations nouvelles. Lesquelles? Peu importe. Peut-être qu'un jour, tu travailleras dans la recherche. Mais fais attention à ne pas être trop curieux!

→ Tu une majorité de •:   Quoi te dire? Tu te sens bien dans un environnement que tu connais. C'est bien, mais quelque fois, il faut savoir aller à la rencontre de ce que tu ne connais pas.

> Vergiss nicht: Nach „à" und „de" verschmelzen **lequel**, **lesquels** und **lesquelles** mit der Präposition.

19

# Dossier 5

## Découvertes 5

**28  Madame Irma connaît votre avenir**

→ Die Fragepronomen „lequel" und „quoi", GBH 5 § 13;
die Relativpronomen, GBH 5, *Révision* 9;
der unbestimmte Begleiter „quel", BG §§ 70–76, 10

*Complétez le texte en employant les pronoms interrogatifs (lequel) ou les pronoms relatifs*
*(qui, que, lequel, dont).*

– Je connais votre avenir. Je suis Madame Irma, la femme _____ vous pouvez tout demander.

   Prenez cinq cartes Prenez cinq cartes, celles _____ vous voulez, puis donnez-moi votre main.

– _____ main?

– La gauche. Attendez … je vois … je vois …

– Vous voyez _____?

– Je vois une rencontre. Vous allez retrouver deux personnes _____ vous n'avez pas pensé depuis

   très longtemps. Elles vont vous donner des nouvelles _____ vont changer votre vie.

– Des nouvelles? _____?

– Ça, c'est une chose _____ je ne peux pas vous parler.

– _____? Je ne vous crois pas, Madame Irma. Je pense que vous dites n'importe _____.

– Mais non! Demandez-moi autre chose _____ vous aimeriez savoir, et vous verrez.

– Bon, d'accord. On va voir: j'ai passé le mois de mai dans une ville étrangère, _____?

   J'y ai travaillé pour une grande entreprise, _____? J'y ai participé à des travaux

   importants, _____?

– Comment voulez-vous que je vous dise dans _____ ville vous avez passé le mois de mai?

   Je connais l'avenir, moi, pas le passé.

**29  Pas si simple**

→ Das „Passé simple", GBH 5 § 14, BG §§ 28–43

*Rajoutez les pronoms personnels et remplacez les formes du passé simple par le passé composé.*

1. _____ burent → _____

2. _____ écrivîtes → _____

3. _____ lut → _____

4. _____ partirent → _____

5. _____ pris → _____

6. _____ rêvâmes → _____

7. _____ entras → _____

8. _____ reconnut → _____

9. _____ crûtes → _____

10. _____ mîmes → _____

11. _____ allèrent → _____

12. _____ purent → _____

# Dossier 5

## 30 Le jour où Nathan disparut …

→ Das „Passé simple", GBH 5 § 14, BG §§ 28–43

*Soulignez les verbes au passé simple, puis écrivez le texte dans votre cahier en utilisant le passé composé.*

> La dernière fois que nos amis vinrent nous voir, ils nous racontèrent leurs vacances au Sénégal et nous montrèrent les photos qu'ils y avaient faites. Nous discutâmes longuement et nous passâmes une très bonne soirée … jusqu'au moment où ils voulurent repartir, vers minuit. Ils appelèrent leurs enfants qui jouaient dans la chambre avec les nôtres. Patrick et Nicolas descendirent tout de suite, mais le petit Nathan ne répondit pas. Quand leur mère leur demanda où il était, ses frères dirent qu'ils n'en savaient rien. Tout le monde réfléchit, mais personne ne put se rappeler quand il avait vu Nathan. Nous l'appelâmes et chacun essaya de le retrouver. Pendant que les autres le cherchaient dans la maison et dans le jardin, j'allai voir dans la rue … Impossible de trouver Nathan! Heureusement, Nicolas eut la bonne idée de regarder dans la voiture de ses parents. Il y vit son petit frère qui jouait «à conduire un camion». Nous lui expliquâmes que nous avions eu très peur et il nous promit de ne plus partir sans dire où il allait.

## 31 Rencontre avec un pauvre type

→ Adjektive mit wechselnder Bedeutung bei Vor- und Nachstellung; Stellung der Adjektive, GBH 5 § 16, BG § 16; *Révisions* 11

*Rayez (durchstreichen) les adjectifs qui ne sont pas à la bonne place. Faites attention au contexte.*

> *Exemple:* Mon **cher** Julien **cher**,
>
> Je t'écris pour te raconter une **vraie** histoire **vraie** qui m'est arrivée le **dernier** mois **dernier**: j'étais à Angoulême, une **belle** ville **belle** avec des **anciennes** maisons **anciennes**, et je me promenais dans les **vieux** quartiers **vieux** du centre, en profitant de mon **seul** jour **seul** de liberté (actuellement mon boulot est un **vrai** esclavage **vrai**). Tout à coup, sur une **grande** place **grande** j'ai entendu quelqu'un qui m'appelait. En me retournant, j'ai remarqué, près d'un groupe de **italiens** touristes **italiens**, un **pauvre** type **pauvre** assis par terre avec une **vide** bouteille **vide** à côté de lui. Je me suis approché et j'ai reconnu un **ancien** camarade de classe **ancien**. C'était un **bon** copain **bon** à l'école. Ses parents étaient riches et il avait toujours des **propres** vêtements **propres** à la **dernière** mode **dernière**, et des **chères** chaussures **chères**. Il habitait une **jolie** maison **jolie** et il avait même sa **propre** télé **propre**. On rigolait bien avec lui, c'était un **sympa** garçon **sympa**. Maintenant, il boit, il ne travaille plus (il a perdu son **dernier** emploi **dernier**), c'est un **pauvre** homme **pauvre** et aussi un **seul** homme **seul**. Il n'a plus un **seul** ami **seul**. Comme je voulais l'aider, je l'ai invité dans un **bon** restaurant **bon**, et j'ai écouté sa **triste** histoire **triste**. Après ça, j'ai retrouvé sur son visage un **certain** sourire **certain** qu'il avait quand il était jeune. Pour moi, c'était un **certain** signe **certain** que je l'avais un peu aidé.
>
> Bon, ce n'est pas une **gaie** histoire **gaie**, mais j'avais envie de te la raconter car tu es mon **meilleur** ami **meilleur**. Grosses bises à toute ta **petite** famille **petite**.
>
> Marc

# Dossier 5

Découvertes 5

**32** **Ça ne me fait ni chaud ni froid**     → Die Verneinung mit „ne … ni … ni", GBH 5 § 15, BG § 53

*Utilisez les négations ci-dessous pour compléter les phrases.*

> ni … ni … ne (2x), ne … pas … non plus, ne … pas du tout, ne … pas, ne … personne, personne ne,
> ne … ni … ni (3x), ne … plus, ne … jamais, ne … pas encore, ne … aucun, ne … que, rien ne

1. J'espérais aller au cinéma avec mes copains, mais _____ Christophe _____ Damien _____ en avaient envie.
   Et quand j'ai demandé à Mélanie, elle _____ a pas voulu y aller _____ .

2. Je _____ sais _____ ce que nous allons faire ce week-end, mais ce qui est sûr, c'est que je _____
   veux _____ rester à la maison _____ aller chez ma tante.

3. _____ sait ce qu'il est devenu: on _____ le voit _____ , et il __ _____ répond _____
   aux SMS _____ aux e-mails qu'on lui envoie.

4. Je _____ ai eu _____ plaisir à voir ce film. _____ les acteurs _____ l'histoire _____ m'ont plu.

5. Je vais te dire ce qui _____ me plaît _____ : tu _____ penses _____ à toi, tu __ _____ t'intéresses
   _____ aux problèmes des autres.

6. Je _____ aime _____ cette ville. Je _____ y ai _____ amis _____ parents, je _____ y connais
   _____ .


**33** **Tout compris?**

**a** *Complétez les questions par une des formes de «lequel» ou «quoi» avec une préposition quand c'est nécessaire.*

1. Tu ne peux pas inviter toutes tes amies!
   - _____ vas-tu envoyer une invitation?
   - _____ sont les plus sympas?
   - _____ es-tu amoureux?

2. Vous connaissez beaucoup de pays:
   - _____ vous ont le plus plu?
   - _____ gardez-vous le meilleur souvenir?
   - _____ avez-vous vécu le plus longtemps?

3. Regarde ces trois photos:
   - _____ penses-tu, quand tu regardes la première?
   - _____ des trois te plaît le plus?
   - _____ peux-tu reconnaître quelqu'un?

**b** *Dites le contraire.*

1. J'ai visité le Mali et le Sénégal.
   → _____

2. Tout le monde a aimé ce film.
   → _____

3. Mon frère et ma sœur savent parler anglais.
   → _____

4. J'ai écrit à mes grands-parents et à ma tante.
   → _____

5. Il a su faire tous les exercices.
   → _____

**c** *Traduisez les phrases en français.*

1. Letztes Jahr habe ich ein altes (antikes) Haus gekauft.
   → _____.

2. Ich stelle euch meinen lieben Freund Thomas vor, einen ehemaligen Mathematiklehrer.
   → _____.

3. Geht ins Hotel Terminus, das ist das einzige Hotel, wo ihr saubere Zimmer finden werdet.
   → _____.

4. Er kommt aus einer armen Familie. Doch jetzt ist er reich. Er hat seine eigene Firma.
   → _____.

# A la carte 1

Découvertes 5

**34 En Guadeloupe, on parle français** → Passivsatz im Deutschen, Aktivsatz im Französischen, GBH 5 § 17, BG § 97

*Traduisez les phrases suivantes en français en employant la forme active.*

*Exemple:* Auf Guadeloupe wird auch Kreolisch gesprochen → En Guadeloupe, on parle aussi créole.

1. In den Zeitungen wird viel von der Umweltverschmutzung gesprochen. Doch es werden nicht genügend Anstrengungen unternommen (gemacht), um Lösungen für dieses Problem zu finden.

   → _____

   _____

2. Mir wurde erzählt, sie sei sehr krank.
   – Wirklich? Das sieht man nicht.

   → _____

3. Er wurde oft kritisiert, aber heute werden seine Bilder sehr teuer verkauft.

   → _____

4. Eines Tages verschwand er und er wurde nie wieder gesehen. Man sagt, er lebe jetzt in Amerika.

   → _____

5. Du hast einen Fehler gemacht: „Württemberg" wird mit zwei –t– geschrieben.
   – Nein, im Französischen wird es mit einem einzigen –t– geschrieben.

   → _____

6. In Frankreich, wird in den Restaurants nicht mehr geraucht. So werden die anderen Gäste *(un client)* nicht gestört.

   → _____

   _____

**35 Combien d'exercices as-tu faits?** → Die Angleichung des „Participe passé" nach „combien de" und „quelle/quels/quelles", GBH 5 §18, BG §§ 35–37

*Posez les questions qui correspondent aux parties soulignées. Faites l'accord si nécessaire.*

*Exemple:* Quels films as-tu vus/est-ce que tu as vus pendant les vacances?
Pendant les vacances, j'ai vu le dernier James Bond, Indiana Jones et un film avec Audrey Tautou.

1. _____ ?

   Hier soir, j'ai regardé l'émission «Qui veut gagner des millions?»

2. _____ ?

   Pendant le concert, j'ai pris 32 photos.

3. _____ ?

   A Paris, nous avons visité le musée du Louvre et le musée d'Orsay.

4. _____ ?

   Six élèves ont écouté les explications du prof.

5. _____ ?

   A l'école, nous avons appris l'anglais, le français et le latin.

6. _____ ?

   C'est l'équipe du Brésil qui a gagné le match.

# Découvertes 5

# A la carte 1

**36 Au voleur!**

→ Die Angleichung des „Participe passé" (Wdh.); die Angleichung des „Participe passé" nach „combien de" und „quelle/quels/quelles", GBH 5 §18, BG §§ 35–37

*Mme Leclerc a appelé la police après que des voleurs avaient «visité» son magasin. Complétez le dialogue entre la police et la victime à l'aide des verbes entre parenthèses. Faites attention à l'accord du participe passé.*

– Calmez-vous, Mme Leclerc, et racontez-moi l'aventure que vous avez *(vivre)* _____ .

– Bon. Alors voilà: j'étais seule dans le magasin, j'attendais ma collègue qui m'avait *(téléphoner)*

_____ pour dire qu'elle viendrait en retard. Tout à coup, j'ai *(entendre)*

_____ la porte qu'ils ont *(pousser)* _____ très fort.

– Combien de personnes ont *(attaquer)* _____ le magasin?

– Trois. Deux hommes et une femme. Un des hommes est tout de suite *(aller)* _____ vers la caisse qu'il

m'a *(obliger)* _____ à ouvrir. Pendant ce temps, les autres ont *(prendre)* _____ des

appareils photo et des caméras sur les étagères.

– Combien de caméras ont-ils *(prendre)* _____?

– Ils en ont pris cinq. Et aussi des portables que j'avais *(poser)* _____ sur la table.

– Et toutes ces affaires, où les ont-ils *(mettre)* _____?

– Dans des sacs à dos qu'ils avaient *(apporter)* _____ .

– Bien. Maintenant, pourrez-vous me décrire les voleurs? Quels détails avez-vous *(remarquer)*

_____?

Je n'ai pas pu voir leurs visages qu'ils avaient *(cacher)* _____ sous des casques. Mais je connais

le prénom de la femme et je pourrais peut-être reconnaître la voix de l'homme qui l'a *(appeler)* _____

Julie. Et j'ai ramassé une boîte d'allumettes qu'ils ont *(perdre)* _____ en fuyant.

– Bon. Autre chose?

– Oui. J'ai *(voir)* _____ la voiture qu'ils ont *(prendre)* _____ pour repartir.

– C'est mieux que rien. Avec les renseignements que vous nous avez *(donner)* _____, nous réussirons

peut-être à attraper les voleurs.

– J'espère bien!

> **Was kann ein direktes Objekt sein?**
> – ein direktes Objektpronomen (**me, te, la, les, nous, vous**),
> – das Relativpronomen **que/qu'**,
> – das Fragewort **combien de** + Nomen,
> – die Fragebegleiter **quelles, quels, quelles** + Nomen.

25

# A la carte 1

## Découvertes 5

**37  Sortez vos cahiers et écrivez!**

→ Transitive und intransitive Verben, GBH 5 § 19

*Servez-vous des verbes dans la marge pour compléter les phrases au passé composé ou au plus-que-parfait.*

*Exemple:*  Ma mère a rentré la voiture dans le garage.

1. Quand la prof _____ dans la classe, les élèves
   _____ leurs cahiers.

2. Elle _____ l'escalier en courant, et elle
   _____ prendre le bus.

3. Elle ne sait pas quand ses fils _____, elle
   n'_____ pas encore _____ de son travail.

4. Quand mes parents _____ du magasin, ils _____ tout
   de suite _____ la nouvelle télé au premier étage.

5. Quand il a commencé à pleuvoir, ceux qui avaient un parapluie
   l'_____. Les autres _____ à la maison

6. Nous sommes _____ dans le train à Strasbourg,
   et nous _____ à Paris.

7. Hier, nous _____ les chaises de jardin, et nous les
   _____ à la cave.

8. Ma petite sœur _____ sur la table et elle
   _____.

*Verbes dans la marge:* rentrer, entrer, sortir, descendre, aller, sortir, rentrer, revenir, monter, sortir, rentrer, monter, descendre, rentrer, descendre, monter, tomber

**38  C'est toujours moi qui dois travailler**

→ Die Hervorhebung mit „c'est … qui" und „c'est … que", GBH 5 § 20, BG § 71

*Répondez aux questions en utilisant la mise en relief «c'est … qui» ou «c'est … que».*

*Exemple:* – Qui a mangé tout le chocolat?    (Nicolas)
   → C'est Nicolas qui a mangé tout le chocolat.

1. – Qui a écrit ce texte? C'est toi?    (moi)
   → Oui, _____

2. – Le film commence à 20 heures, non?    (à 19 heures)
   → Non, _____

3. – Qui va peindre la chambre? Un peintre?    (mon mari et moi)
   → Non, _____

4. – Qui a utilisé l'ordinateur? C'est toi?    (mes frères)
   → Non, _____

5. – Tu sais à quelle station on doit descendre?    (à la station «Louvre»)
   → Oui, je crois que _____

6. – C'est toi qui vas faire les courses, aujourd'hui?    (Martine et David)
   → Ah non! Aujourd'hui, _____

7. – Où est-ce que vous vous êtes connus? A Paris?    (à Marseille)
   → Pas du tout. _____

26

# Découvertes 5

# A la carte 1

## 39 Tout compris?

**a** *Traduisez les phrases en français.*

1. In England wird links gefahren.

   → _____

2. Schau, er fährt in *(entrer)* die Kirche mit Rollern. Das tut man nicht.

   → _____

3. Dieser Nachtisch wird kalt gegessen.

   → _____

4. Mir wurde berichtet, Christophe habe seinen Hund verloren.

   → _____

**b** *Mettez l'accord là, où c'est nécessaire.*

1. Quelles chansons a-t-elle chanté_____ ?

2. Combien de personnes ont regardé_____ l'émission?

3. Combien de copains as-tu invité_____ ?

4. Quels élèves ont révisé_____ la leçon?

**c** *Reliez les parties qui vont ensemble.*

1. Hier, je suis montée                  a) sans vêtements chauds.
2. Ils sont sortis                                 b) le piano au deuxième étage.
3. Elle a descendu                            c) la voiture du garage.
4. J'ai rentré                                      d) sur la tour Eiffel.
5. Nous sommes descendus              e) dans un restaurant.
6. Il a sorti                                      f) du bus à la Défense.
7. Elles sont rentrées                        g) les cartons à la cave.
8. Ils ont monté                               h) le vélo dans la cour.

**d** *Cochez la bonne solution.*

1. Mélanie a aidé Lucas. C'est elle
   - ☐ qui l'a aidé.
   - ☐ qu'il a aidée.

2. J'ai donné mon adresse à Elodie. C'est à elle
   - ☐ que j'ai donné mon adresse.
   - ☐ qui m'a donné son adresse.

3. Nous sommes sortis à 8 heures. C'est
   - ☐ nous qui sont sortis à 8 heures.
   - ☐ à 8 heures que nous sommes sortis.

4. Je n'ai jamais dit ça. Ce n'est pas moi
   - ☐ qui a dit ça.
   - ☐ qui ai dit ça.

5. Vous allez avoir des problèmes. C'est vous
   - ☐ qu'allez avoir des problèmes.
   - ☐ qui allez avoir des problèmes.

6. Nous révisons le test d'anglais. C'est pour le test
   - ☐ que nous révisons.
   - ☐ qui nous révisons.

# A la carte 2

Découvertes 5

**40  Les jeunes ont été interrogés**

→ Das Passiv: Bildung und Gebrauch, GBH 5 § 21, BG § 96

*Ecrivez les phrases ci-dessous au passif.*

*Exemple:*  Le policier a interrogé les jeunes. → Les jeunes ont été interrogés pas le policier.

1.  J'aimerais qu'on ferme cette porte la nuit.

    → _____

2.  Tous les élèves respectent le proviseur.

    → _____

3.  C'est Christophe Colomb qui a découvert l'Amérique.

    → _____

4.  Des dessins couvraient tous les murs de la pièce.

    → _____

5.  J'étais sûre qu'on te soignerait bien dans cet hôpital.

    → _____

6.  Elle ne sait pas encore si Laurent va l'inviter.

    → _____

7.  C'est Gérard Depardieu qui jouera le rôle du flic.

    → _____

8.  Je ne crois pas que ses parents l'aient beaucoup aidée.

    → _____

**41  Des ours et des hommes**

→ Das Passiv: Bildung und Gebrauch, GBH 5 § 21, BG § 96

*Donnez deux réponses aux questions ci-dessous: l'une à l'actif, l'autre au passif.*
*Exemple:*  Qu'est-ce qu'on a interdit, en France, en 1962?
   → On a interdit la chasse à l'ours.        ( la chasse à l'ours )
   → (C'est) la chasse à l'ours (qui) a été interdite.

1.  Qui a tué l'ourse Cannelle?        ( un chasseur )

    → _____

    → _____

2.  Qui accompagnait l'ourse?        ( un bébé ours de 10 mois )

    → _____

    → _____

3.  De quoi les gens ont-ils peur?        ( les ours – attaquer – leurs moutons )

    → _____

    → _____

4.  Que se passera-t-il si le maire écoute les manifestants?        ( ne pas réaliser – son projet )

    → _____

    → _____

5.  Qui organise les manifestations pour le retour des ours en France?        ( les écologistes )

    → _____

    → _____

# Découvertes 5

# A la carte 2

**42** **Un étudiant parlant allemand**  → Das „Participe présent": Bildung und Gebrauch, GBH 5 § 22, BG § 95

*Remplacez le participe présent par une autre construction.*

*Exemple:* Un étudiant parlant allemand a traduit le film. → Un étudiant qui parlait allemand a traduit le film.

1. Croyant qu'elle était anglaise, il lui a dit «good morning».

_____

2. Je lis un livre racontant l'histoire de Jean Mermoz.

_____

3. Ayant fait des études d'ingénieur, il trouve du travail facilement.

_____

4. Comprenant qu'elle ne viendrait pas, il a quitté le restaurant.

_____

5. Il y avait là des touristes prenant des photos.

_____

6. J'ai vu le voleur sortant du magasin.

_____

7. Voulant apprendre la musique, j'ai acheté un accordéon.

_____

8. Je n'ai jamais rencontré une fille dansant mieux qu'elle.

_____

**43** **Vous vous êtes exercés?**  → Die reflexiven Verben: Angleichung des „Participe passé", GBH 5 § 23, BG § 22

*Mettez les phrases au passé composé.*

*Exemple:* Ils se téléphonent tous les jours. → Ils se sont téléphoné tous les jours.

1. Sa femme se maquille toujours trop.

   → _____

2. Quand les deux amies se quittent, elles se promettent de se revoir bientôt.

   → _____

3. Cette année, mes parents s'offrent un voyage en Guadeloupe.

   → _____

4. Victor et son amie s'assoient sur le banc et se partagent un sandwich.

   → _____

5. L'assiette se casse en tombant par terre.

   → _____

6. Quand nous nous baladons, nous nous parlons longuement.

   → _____

7. Accident: une petite fille se cache et tombe d'un arbre.

   → _____

8. Quand elle se couche, elle s'endort tout de suite.

   → _____

29

# A la carte 2

Découvertes 5

## 44 Tout compris?

**a** *Servez-vous des éléments ci-dessous pour faire des phrases au passif.*

*Exemple:* hier soir – une vieille dame – attaquer – des voleurs → Hier soir, une vieille dame
a été attaquée par des voleurs.

1. la police    organiser    des recherches

   → _____

2. mais    ne pas encore pouvoir    retrouver    les deux hommes

   → _____

3. prier    les gens qui ont remarqué quelque chose    téléphoner    à la police

   → _____

4. Avec l'aide de la population    être possible    arrêter bientôt    les voleurs

   → _____

5. 200 euros    offrir    à celui    permettre    retrouver    son sac

   → _____

**b** *Ecrivez des textes pour des petites annonces en utilisant le participe présent.*

1. Je suis une jeune fille de 15 ans./J'aime les enfants./Je souhaite faire du baby-sitting/dans une famille qui habite Aubervilliers.

   _____
   _____
   _____

2. Je suis lycéen./Je voudrais apprendre le piano./Mais je n'ai pas beaucoup d'argent./Je cherche un instrument qui ne coûte pas trop cher.

   _____
   _____
   _____

3. J'ai perdu mon portable dans le métro./J'offre 50 euros/pour tout renseignement/qui me permettrait de le retrouver

   _____
   _____
   _____

**c** *Reliez les parties de phrases qui vont ensemble.*

1. Hier, ma sœur s'est coupé

2. Elle s'est coupée

3. Les deux copines se sont montré

4. La star s'est montrée

5. Nous nous sommes préparés

6. Avant l'excursion, ils se sont préparé

a) à ses fans qui l'ont applaudie.

b) leurs photos de vacances.

c) les cheveux.

d) des sandwiches.

e) en marchant sur un morceau de verre.

f) pour sortir.

# Découvertes 5

# A la carte 3

**45 Il y a tant de choses à faire**  → *tant + autant*, GBH 5 § 24

*Complétez les phrases en utilisant «tant», «tant de», «tant que», «autant de», «autant que».*

*Exemple:* J'ai <u>tant</u> de choses à faire que je ne sais pas par quoi commencer.

1. Je ferais n'importe quoi pour elle, je l'aime _____.

   – Oui, mais elle, est-ce qu'elle t'aime _____ tu l'aimes?

2. Elle serait super, cette plage, s'il n'y avait pas _____ touristes.

   – C'est vrai. Il y en a _____ on ne peut pas être tranquille.

3. Heureusement, je ne dois pas travailler _____ mon mari. Hier, il avait _____ à faire

   _____ il est rentré à 21 heures.

4. Pour ton anniversaire, tu peux inviter _____ amis _____ tu veux.

   – Mais maman, c'est impossible, j'ai _____ copains _____ je ne peux pas les inviter tous.

5. Je ne connais personne qui parle _____ Mélanie.

   – Ce ne serait pas grave si elle ne disait pas _____ bêtises.

6. Elle nous a _____ énervés _____ nous avons fini par partir. Je ne comprends pas que

   _____ gens la trouvent drôle.

7. Ne fais pas _____ d'histoires! Tu as eu _____ chocolat _____ ton frère.

8. Elle a presque pleuré _____ elle était déçue. C'est normal, elle avait _____ espéré gagner.

**46 On vous l'a déjà expliqué**  → Die Reihenfolge der Pronomen im Satz, GBH 5 §§ 10, 11 (Wdh.), BG § 68

*Cochez la bonne réponse.*

1. Mes parents connaissent mes projets, je
   - [ ] les leur ai parlé hier.
   - [ ] leur en ai parlé hier.
   - [ ] les en ai parlé hier.

2. Je vais aller aider ma mère, je
   - [ ] le lui ai promis.
   - [ ] la lui ai promis.
   - [ ] lui l'ai promis.

3. Nous aimerions voir tes photos, tu veux bien
   - [ ] a me les présentées.
   - [ ] les nous montrer?
   - [ ] nous les montrer?

4. Vous allez à la bibliothèque? Attendez,
   - [ ] je vais y vous accompagner.
   - [ ] je vais vous y accompagner.
   - [ ] j'y vais vous accompagner.

5. Ma mère n'aime pas la musique que j'écoute,
   - [ ] leur le faire comprendre.
   - [ ] elle ne s'y est jamais intéressée.
   - [ ] elle n'est jamais s'y intéressée.

6. Si les enfants vous demandent des bonbons,
   - [ ] n'en leur donnez pas.
   - [ ] ne leur donnez-en pas.
   - [ ] ne leur en donnez pas.

31

# A la carte 3 — Découvertes 5

## 47 En attendant …
→ Das „Participe présent" und das „Gérondif": Bildung und Gebrauch, GBH 5 § 22, § 1 (Wdh.), BG §§ 94–95

*Ecrivez la lettre dans votre cahier en remplaçant les constructions soulignées par le participe présent ou le gérondif.*

> Ma chère Chloé,
> J'ai été très heureuse <u>quand j'ai reçu</u> ta lettre. Tu me ferais énormément plaisir <u>si tu venais</u> me voir à Strasbourg. <u>Comme je ne travaille pas</u> en ce moment, j'aurai le temps de te faire découvrir ma ville. J'ai quitté mon travail <u>parce que j'ai trouvé</u> un emploi plus intéressant: à partir de juin, je vais travailler comme guide. J'ai trouvé ce travail <u>de la façon suivante</u>: j'ai lu les petites annonces. <u>Quand j'ai vu</u> qu'on cherchait quelqu'un <u>qui parle bien</u> français et allemand, j'ai téléphoné <u>et j'ai précisé</u> que j'étais bilingue, <u>puisque j'ai grandi</u> en Allemagne … Je t'attends! Quand est-ce que tu viens? C'est bête qu'on ne se voie pas plus souvent, comme <u>Strasbourg n'est plus</u> qu'à 2 heures 20 de Paris, avec le TGV. C'est fou, non? Maintenant, <u>si on prend le train</u>, on va encore plus vite qu'en avion. <u>Si on sait</u> qu'en plus, c'est meilleur pour l'environnement, il n'y a plus d'excuse à rester chacun de son côté.
> Bises, à bientôt
> Marie 😊

## 48 La dernière journée à Paris
→ Satzwertige Infinitivkonstruktionen mit „pour", „sans", „avant de", „après" (Wdh.), BG § 93

*Transformez les phrases suivantes. Employez «pour», «sans», «avant» ou «après».*

*Exemple:* Les amis sortent de l'auberge de jeunesse. Mais d'abord, ils discutent. → Avant de sortir de l'auberge, ils discutent.

1. Victor a envie d'aller à la Villette parce qu'il veut voir la Cité de la Musique.
   → _____

2. Max préférerait la tour Eiffel: «On ne peut pas quitter Paris si on n'est pas monté en haut de la tour».
   Max préférerait la tour Eiffel: _____

3. «Où est le problème, demande Luc. On va visiter la tour Eiffel, mais pour commencer, on va à la Villette».
   → «Où est le problème, demande Luc. _____

4. C'est ce qu'ils font. Ils visitent la Cité de la Musique, puis ils prennent le métro.
   → C'est ce qu'ils font. _____

5. En arrivant à la tour Eiffel, ils font la queue; ils veulent prendre des billets.
   → En arrivant à la tour Eiffel, _____

6. Max réfléchit un moment, puis il dit qu'il aimerait bien monter à pied.
   → _____

7. Mais Victor ne veut pas monter tous ces étages à pied, il est trop fatigué.
   → _____

8. Et en plus, il a faim. Ce matin, quand il est sorti, il n'avait pas pris le petit-déjeuner.
   → Et en plus, il a faim. _____

9. Il dit aux deux autres: «Montez à pied. Mais avant, vous devriez manger quelque chose».
   → Il dit aux deux autres: _____

   Un peu plus tard, en haut de la tour …

10. Victor attend longtemps. Puis, il voit ses deux amis arriver.
    → _____

# Découvertes 5

# A la carte 3

**49** **Il faut que vous fassiez attention!**

→ *Subjonctif* und *Indicatif* (Wdh.), BG §§ 33, 48

*Employez les verbes dans la marge et mettez les verbes au mode qui convient.*

*Exemple:* Je voudrais que tu viennes me chercher à 8 heures.

1. Je crois qu'il _____ faire des études d'ingénieur.

2. Nous espérons que vous _____ fait bon voyage.

3. Je trouve bizarre qu'elle ne _____ pas à ma lettre.

4. C'est une chance que vous vous _____ retrouvés parmi tous ces gens.

5. Ça m'étonnerait qu'il _____ mon paquet avant lundi.

6. Je ne veux pas que tu _____ avant de conduire.

7. Il est nécessaire que tu lui _____ ce qui s'est passé.

8. J'exige que vous vous _____ tout de suite.

9. Je trouve que tu _____ trop de risques.

10. Il me semble qu'il _____ plus froid que ce matin.

11. Nous sommes heureux que tu _____ venir à la fête.

12. Tu es sûre que ce cadeau _____ à ton copain?

13. Je propose que nous y _____ tous ensemble.

14. Je ne pense pas qu'ils _____ déjà partis.

15. Je suis triste qu'il ne me _____ pas.

16. Tu sais bien qu'il ne _____ pas faire ça.

venir
vouloir
avoir
répondre
être
recevoir
boire
dire
s'excuser
prendre
faire
pouvoir
plaire
aller
être
comprendre
falloir

**50** **Tout compris?**

*Traduisez les phrases en français.*

1. Er ist so viel gereist, dass er fast alle Länder kennt.

   _____

2. Ich mag den Montparnasse-Turm nicht so sehr wie den Eiffelturm.

   _____

3. Ich habe genauso viele Schwestern wie Brüder.

   _____

4. Rede nicht so viel, komm und hilf mir (komm mir helfen).

   _____

5. Ich würde gerne nach Paris zurückkehren. Dort habe ich so viele gute Freunde.

   _____

33

# A la carte 4

Découvertes 5

**51** **Vous aurez vite terminé**  → Das „Futur antérieur": Bildung und Gebrauch, GBH 5 § 25, BG §§ 30, 45

*Complétez la grille.*

| Infinitif | Passé composé | Futur simple | Futur antérieur |
|---|---|---|---|
| *Exemple:* terminer | elle a terminé | je terminerai | vous aurez terminé |
| 1. devoir | ils _____ | tu _____ | nous _____ |
| 2. se lever | elles _____ | nous _____ | ils _____ |
| 3. envoyer | tu _____ | il _____ | elle _____ |
| 4. aller | nous _____ | vous _____ | je _____ |
| 5. courir | il _____ | nous _____ | vous _____ |
| 6. mettre | on _____ | elle _____ | tu _____ |
| 7. avoir | tu _____ | vous _____ | il _____ |
| 8. se plaindre | je _____ | nous _____ | ils _____ |
| 9. falloir | il _____ | il _____ | il _____ |
| 10. être | elles _____ | ils _____ | vous _____ |
| 11. faire | il _____ | je _____ | nous _____ |
| 12. s'ennuyer | je _____ | ils _____ | elle _____ |
| 13. offrir | vous _____ | tu _____ | ils _____ |
| 14. apprendre | nous _____ | j' _____ | vous _____ |
| 15. tenir | il _____ | nous _____ | tu _____ |
| 16. sortir | elles _____ | vous _____ | elle _____ |
| 17. préférer | on _____ | elle _____ | nous _____ |

**52** **Que nous apportera l'avenir?**  → Das „Futur antérieur": Bildung und Gebrauch, GBH 5 § 25,
BG §§ 30, 45; das „Futur simple" (Wdh.)

*Mettez les verbes entre parenthèses au futur simple ou futur antérieur. Utilisez chacun des temps par phrase.*

*Exemple:* On ne peut pas savoir ce qui *(se passer)* se passera demain, mais on peut espérer que ça *(changer)* aura changé.

1. La faim dans le monde *(disparaître)* _____ et il y *(avoir)* _____ assez à manger pour tous.

2. Comme l'argent *(ne plus exister)* _____ , il n'y *(avoir)* _____ plus de pauvres.

3. Les médecins *(découvrir)* _____ un médicament grâce auquel on *(pouvoir)* _____ tout soigner. Plus personne ne *(mourir)* _____ de maladie.

4. La recherche *(permettre)* _____ de construire des voitures «vertes» et la pollution *(ne plus être)* _____ un problème.

34

# Découvertes 5 — A la carte 4

5. Les chefs d'Etat de tous les pays *(enfin réussir)* _____ à se mettre d'accord;

   et après qu'ils *(détruire)* _____ toutes les armes, aucun pays *(ne plus pouvoir)*

   _____ commencer une guerre.

6. On *(construire)* _____ sur la lune une ville extraordinaire, où tous ceux qui *(en avoir*

   *envie)* _____ *(pouvoir)* _____ aller vivre.

7. Les profs *(comprendre)* _____ que la musique et la danse sont plus importantes que

   le reste, et ils *(ne plus essayer)* _____ de nous enseigner les maths ou la grammaire.

**53** **C'est sûr que vous pouvez le faire.**  → *Subjonctif* und *Indicatif* (Wdh.), BG § § 33, 48

*Ecrivez les verbes face aux numéros correspondant à la grille. Si tout est juste, vous pourrez découvrir les deux mots-clés.*

• Je regrette que nous nous **1** *(être)* _____ disputés, et je ferais tout pour qu'elle **2** *(revenir)*

   _____ .

• Le voisin n'aime pas que nous **3** *(jouer)* _____ au foot dans le jardin pendant qu'il **4** *(faire)*

   _____ la sieste.

• Je crains que vous n' **5** *(avoir)* _____ pas les chaussures qu'il faut pour faire cette excursion. J'ai peur

   que vous vous **6** *(blesser)* _____ .

• Il faut que tu **7** *(courir)* _____ moins vite pour que je **8** *(pouvoir)* _____ te suivre.

• Je trouve que tu **9** *(écrire)* _____ bien le français.

   – Merci. C'est sûrement parce que je **10** *(lire)* _____ beaucoup de livres en français.

• Il est nécessaire que tu **11** *(réfléchir)* _____ avant de te décider. Je ne crois pas que ce **12** *(être)*

   _____ la bonne solution.

• Je crois que nous **13** *(devoir)* _____ lui dire ce qui s'est passé. Mais comment lui annoncer ça sans

   qu'elle se **14** *(mettre)* _____ à pleurer?

• J'aimerais bien que nous **15** *(trouver)* _____ le bon chemin avant qu'on n'y **16** *(voir)* _____

   _____ plus rien.

35

# A la carte 4

Découvertes 5

**54** **Cet exercice est-il difficile?**

→ Die absolute Fragestellung, GBH 5 § 26, BG § 88

*Posez les questions auxquelles les parties soulignées répondent. Utilisez l'interrogation complexe quand c'est possible.*

*Exemple:* <u>Non</u>, cet exercice n'est pas difficile. → Cet exercice est-il difficile?

1. Le train arrive à Marseille <u>à 18 h 40</u>.

 → _____

2. – Notre fille s'appelle <u>Manon</u>.

 → _____

3. <u>Pendant les vacances de Noël</u>, nous allons faire du ski.

 → _____

 _____

4. Mes parents n'ont pas acheté cette voiture <u>parce qu'elle coûtait trop cher</u>.

 → _____

 _____

5. A Paris, les jeunes vont loger <u>dans une auberge de jeunesse</u>.

 → _____

6. <u>Si</u>, bien sûr, Malika m'a souvent parlé de ses cousins de Marrakech.

 → _____

 _____

7. Quand elle est venue en Europe, mon amie américaine a visité <u>l'Allemagne, la France et l'Italie</u>.

 → _____

 _____

8. Elodie va au lycée <u>en métro</u>.

 → _____

**55** **Tout compris?**

**a** *Transformez les phrases en utilisant le futur simple et le futur antérieur.*

*Exemple:* Tu ne peux pas sortir maintenant, tu n'as pas fait tes devoirs.
→ Tu pourras sortir quand tu auras fait tes devoirs.

1. Je ne peux pas te dire combien coûtent les billets, je dois d'abord me renseigner.

 → Je te _____

2. Attends, nous venons t'aider. Mais pour l'instant, nous prenons notre petit-déjeuner.

 → Attends, nous _____

3. La baby-sitter attend que les enfants se soient endormis pour allumer la télé.

 → Quand les enfants _____

4. Elle n'a pas le temps de s'amuser, elle doit encore ranger ses affaires.

 → Quand elle _____

36

# Découvertes 5

# A la carte 4

**b** *Posez les mêmes questions en employant l'interrogation complexe, là où c'est possible.*

*Exemple:* Est-ce que ce livre est intéressant?
→ Ce livre est-il intéressant?

1. Pourquoi est-ce que Nathalie n'est pas venue à la fête?

   → _____

2. Elle vient d'où, ta famille?

   → _____

3. Quelle note est-ce que le prof t'a donnée pour ton exposé?

   → _____

4. Combien de CD est-ce qu'ils ont achetés?

   → _____

5. Il commence à quelle heure, le film?

   → _____

# Modes et temps                                                    Horizons

**56** **Une journée chez Mme Merkel**    → Das *Imparfait* und *Passé composé*, BG §§ 28, 35, 37, 41, 42, OG §§ 33, 34

*Nous sommes mercredi 15 décembre. Racontez la journée du mardi 14 décembre d'Angela Merkel.*
*Réécrivez les phrases en mettant les verbes au passé composé, à l'imparfait ou au plus-que-parfait.*

6h00  Mme Merkel se lève, s'habille et prend le petit-déjeuner avec ses conseillers.
Pendant ce temps, son mari lit le journal.

Hier, _____

_____

8h00  Ses conseillers vont tous dans son bureau, sauf un car il est assez malade.

_____

9h00  Mme Merkel reçoit les membres du gouvernement qu'elle convoque dans son bureau, puis des journalistes
de TV5.

_____

_____

12h00  Les journalistes quittent son bureau. Ils ont l'air très sérieux. Ils discutent entre eux, puis ils retournent
à leur travail.

_____

_____

12h30  C'est l'heure du déjeuner. Quand les ministres *(Minister)* voient les bons plats que le cuisinier prépare,
ils sont contents parce que ça va être bon. Peu après, la Chancelière arrive.

_____

_____

13h00  Elle les invite à manger avec elle. Elle leur parle des dernières élections.

_____

14h00  Puis elle part à l'Office franco-allemand pour la jeunesse, Molkenmarkt 1, à Berlin.

_____

14h30  Les personnes qu'elle y rencontre cet après-midi sont très engagées dans les relations franco-allemandes.

_____

17h00  La rencontre est terminée. Mme Merkel est un peu fatiguée.

_____

19h00  Après une journée bien remplie, elle regarde le journal à la télévision. Mais les nouvelles qu'on y annonce
ne sont pas très bonnes.

_____

_____

19h30  Elle s'occupe encore de dossiers, puis elle compte combien il en reste sur son bureau.

_____

23h00  Comme il est déjà tard, elle monte se coucher.

_____

Imparfait: Was war?          Passé composé: Was geschah dann?

38

# Horizons

# Modes et temps

**57** **Top model** → Das *Imparfait* und *Passé composé*, Angleichung des *Passé composé* nach „Combien de" und „quel", BG §§ 37, 41, OG §§ 28, 33

*Complétez le texte en utilisant le passé composé ou l'imparfait. Faites attention à l'accord du participe passé.*

| | |
|---|---|
| rêver | Emilie était une belle jeune fille qui _____ de devenir top model. |
| se présenter/avoir | Un jour, elle _____ à un casting à Marseille. Il y _____ beaucoup |
| espérer/porter | de candidates qui _____ toutes gagner. Emilie _____ le numéro 75. |
| rencontrer/parler | Dans le couloir, elle _____ une autre fille, Pauline, et lui _____. |
| faire | *Emilie:* «Combien de castings est-ce que tu _____ déjà _____ dans ta vie? |
| | *Pauline:* Je ne sais plus. Mais j'en ai fait beaucoup. |
| préférer | *Emilie:* Quels castings est-ce que tu _____? |
| | *Pauline:* Ceux où on joue au top model. Je n'aime pas ceux où on chante et danse. |
| gagner | *Emilie:* Quels castings est-ce que tu _____ déjà _____?» |
| appeler/avoir | Dans le couloir, quelqu'un _____ Emilie. Elle _____ le trac: elle |
| devoir | _____ marcher avec des œufs sous les pieds, sans casser les œufs, bien sûr! |
| être/falloir | C'_____ très difficile. Et il lui _____ sourire en même temps! |
| se sentir/craindre | Emilie ne _____ pas bien. Elle _____ de casser un œuf. |
| annoncer/choisir | Enfin, le directeur du casting _____ les résultats. Quelles candidates _____ -t-il |
| aller/lire | _____? On _____ bientôt le savoir. Il _____ en premier la |
| réussir | liste des candidates qui n' _____ pas _____ le premier tour du casting. |
| regarder/sembler | Emilie _____ sa montre. Les secondes lui _____ durer des heures. |
| entendre | Malheureusement, elle _____ son nom: «Emilie Moreau». Et tout espoir |
| partir | de devenir top model un jour _____ à ce moment-là. Mais qui sait? Peut-être |
| | qu'un jour … |

**58** **Quelles copines!** → Reflexive Verben im *Passé composé*, BG § 36, OG §§ 25, 28

*Soulignez la forme correcte des verbes pronominaux.*

Charlotte et Chloé sont allées faire du shopping ensemble hier. Avant de partir, elles *se sont téléphoné/se sont téléphonées/sont se téléphonées* pour savoir où se retrouver. Chloé raconte:
Hier, nous *se sommes retrouvées/nous sommes retrouvé/nous sommes retrouvées* au centre-ville. Charlotte *s'est arrêté/s'est arrêtée/s'a arrêté* devant chaque magasin. Nous *nous sommes baladées/sommes nous baladées/nous sommes baladés* deux heures et nous *nous sommes achetées/nous sommes achetés/nous sommes acheté* des vêtements très chouettes pour draguer les garçons. Nous étions contentes parce que nous *nous étions bien débrouillées/nous bien étions débrouillées/nous étions bien débrouillé* avec l'argent que nous avions.
A 16h00, Charlotte avait un rendez-vous avec un copain devant la mairie. Zut! C'était Léo, mon ex! Ils *se sont assises/se sont assis/s'ont assis* sur un banc, ils *se sont regardé/se sont regardés/s'ont regardé* dans les yeux, et ils *se sont dits/sont se dits/se sont dit* des mots gentils. Puis Léo *s'est levé/s'a levé/s'est levée* et s'est moquée/*m'a moqué/s'est moqué* de moi. Ça m'a énervée! Enfin, il est parti. Charlotte m'a raconté qu'ils *s'étaient écrit/s'était écrit/s'étaient écrits* des SMS amoureux. Mais c'est un baratineur, ce Léo, je le connais! Alors Charlotte et moi, nous *nous sommes disputées/nous sont disputées/nous sommes disputés* et je *me suis mis/me suis mise/me suis mises* à pleurer. C'était trop bête!

39

# Modes et temps — Horizons

**59 Quand j'aurai voyagé …** → Bildung und Gebrauch des *Futur simple* und *Futur antérieur*, BG §§ 29, 30, 45, OG §§ 36, 37

**a** *Trouvez les formes correctes du futur simple et du futur antérieur.*

En l'an 2100, les hommes …

| Infinitif | Futur simple | Futur antérieur |
|---|---|---|
| 1. découvrir | _____ | _____ des nouvelles planètes. |
| 2. s'installer | _____ | _____ sur la lune. |
| 3. inventer | _____ | _____ des robots qui parlent. |
| 4. arriver | _____ | _____ à contrôler la pluie et le beau temps. |
| 5. partir | _____ | _____ en fusée en vacances. |
| 6. détruire | _____ | _____ les espaces verts sur la Terre. |

**b** *Complétez les phrases en employant le futur simple et le futur antérieur comme dans l'exemple suivant:*

Audrey va bientôt travailler à l'OFAJ.
*Exemple:* Audrey va faire des expériences d'animatrice et après, elle va poser sa candidature pour un emploi à l'OFAJ.
→ Quand elle aura fait des expériences d'animatrice, Audrey posera sa candidature pour un emploi à l'OFAJ.

1. Elle va voyager en France et en Allemagne, et après, elle va encourager les rencontres scolaires et sportives.
   → _____

2. Elle va fonder une association de jumelage et après, elle va organiser des échanges.
   → _____

3. Elle va créer des programmes et après, elle va proposer des stages dans des entreprises.
   → _____

4. Les élèves vont faire des séjours en France ou en Allemagne, et après, ils vont y retourner.
   → _____

5. Ils vont connaître d'autres traditions et après, ils vont peut-être les faire connaître aussi chez eux.
   → _____

6. Ils vont revenir dans leur pays et après, ils vont bien parler la langue du pays voisin.
   → _____

Et s'ils ont rencontré l'homme ou la femme de leurs rêves grâce à l'OFAJ, ça va changer leur vie! Peut-être ne resteront-ils pas dans leur propre pays?

Je serai content quand j'aurai fini cet exercice!

# Horizons
**Modes et temps**

## 60 Autour du monde
→ Das *Conditionnel présent* und *Conditionnel passé*, BG §§ 31–32, 46–47, OG § 38

**a** *Mettez les verbes entre parenthèses au conditionnel présent.*

Quand je suis dans mon lit, j'aime rêver. J'imagine que je suis une fée, mais pas n'importe quelle fée.

Je _____ (être) une fée qui _____ (pouvoir) aider les gens pauvres et

malheureux. Avec une baguette magique, je leur _____ (acheter) des jolis vêtements et je leur

_____ (offrir) une maison. Je leur _____ (faire) tous les jours une surprise

agréable. Ensemble, nous _____ (voyager) autour du monde. Super, non? Bon, je sais que

ce n'est qu'un rêve, mais on a bien le droit de rêver, non? Et vous, quels pouvoirs[1] _____

(avoir) -vous?

**b** *Mettez les verbes dans la marge (Rand) au conditionnel passé.*

Suite au cyclone «Vera» à la Martinique, on a annoncé à la radio …

1.  que des arbres _____ sur des voitures,                          tomber

2.  qu'il y _____ des morts,                                                              avoir

3.  que beaucoup de maisons _____ leur toit,                  perdre

4.  que les habitants _____ leurs maisons,                          quitter

5.  que toutes les plantations de bananes _____ détruites,     être

6.  que les hôpitaux _____ beaucoup de blessés.              soigner

## 61 Il faut que tu fasses cet exercice!
→ Die *Subjonctif*-Auslöser, BG §§ 33, 48, OG § 39

**a** *Mettez les phrases au subjonctif, là où c'est nécessaire.*

*Exemple:* Tu dois faire les courses. → Il faut que tu fasses les courses.

1.  Mélanie ne doit pas aller vivre à la campagne.

    → Ça ne me plaît pas que _____

2.  Tu devrais devenir metteur en scène.

    → J'aimerais que _____

3.  Les Français vont-ils élire le bon président?

    Il faut qu'_____

4.  Vous ne devez jamais critiquer les autres.

    Il n'est pas nécessaire que _____

5.  Devons-nous nous engager dans la politique?

    → Non, je ne crois pas que nous _____

6.  C'est un bon conseiller municipal?

    → Oui, je trouve que _____

---
**1 un pouvoir:** eine Macht

41

# Modes et temps
**Horizons**

**b** *Noémie part pour la première fois au Mexique en stage d'archéologie. Sa mère lui donne des conseils. Complétez les phrases avec les verbes suivants:*

> aller  savoir  être  pouvoir  voir  sortir  avoir  demander

1. Voilà une lampe de poche, c'est pour qu'on _____ mieux la nuit.

2. N'oublie pas de toujours la prendre avec toi avant que vous _____ le soir.

3. Bien que tu _____ déjà 18 ans, fais bien attention à toi.

4. Si tu es malade, prends de la vitamine C jusqu'à ce que tu _____ vraiment mieux.

5. Pense aussi à prendre ton dictionnaire bien que tu _____ déjà bilingue.

6. Envoie-nous des SMS régulièrement sans que nous te le _____ chaque jour.

7. Ecoute la radio pour que tu _____ ce qui ce passe dans le monde.

8. Donne notre numéro de téléphone aux animateurs du site pour qu'ils _____ nous contacter.

## 62  Une bonne ambiance

→ *Indicatif* oder *Subjonctif?*, BG §§ 33, 48, OG § 39

*Indicatif ou Subjonctif? Complétez les phrases.*

Les parents de Samira, André et Odette, sont divorcés[1]. Samira attend la visite de son père.

*Mère:* Ah, Samira, je crois que ton père _____ *(venir)* dans deux minutes. J'espère que vous _____ *(ne pas se disputer).* Tu sais que je n'_____ *(aimer)* pas ça. J'espère que vous _____ *(être)* assez intelligents pour comprendre. Il est important qu'il y _____ *(avoir)* une bonne ambiance dans la famille. Moi, je suis heureuse que ton père _____ *(venir)* te rendre visite.

*Samira:* Oui, mais j'ai peur qu'il ne _____ *(vouloir)* pas que je participe au projet de l'école.

*Mère:* Ne t'inquiète pas, je suis sûre que ton père _____ *(comprendre).*

*Père:* Bonsoir, Samira. Bonsoir, Odette. Quelle journée!

*Mère:* Bonsoir, André. Il est important que tu _____ *(faire)* attention à ce que Samira veut te dire.

*Samira:* Papa, mon professeur de français voudrait que je _____ *(prendre)* un rôle important dans une pièce de théâtre. Mais il veut absolument que j' _____ *(avoir)* Nicolas comme partenaire.

*Père:* Ecoute! Je trouve bien qu'il _____ *(choisir)* une fille comme toi, mais je ne pense pas que ce _____ *(être)* une bonne idée de jouer avec Nicolas.

*Samira:* Je te dis que notre prof exige que nous _____ *(jouer)* ensemble!

*Mère:* Samira, je propose que ton père _____ *(aller)* voir ton professeur et qu'il lui _____ *(dire)* que ce _____ *(ne pas être)* bien car vous avez eu une relation amoureuse qui est terminée.

*Père:* Tu crois qu'il faut que le professeur le _____ *(savoir)?* Moi, je ne suis pas sûr et je n'ai pas envie d'aller lui parler. Pourquoi est-ce que tu n'y vas pas toi-même, Odette?

*Mère:* Euh …

_____
**1 divorcé(e):** geschieden

# Horizons Modes et temps

**63 Au terrain de camping** → Das *Gérondif*, BG § 94, OG §§ 91–92

**a** *Transformez les phrases en utilisant le gérondif, là où c'est possible.*

Ma copine Camille et moi, nous avons décidé de passer nos vacances en Bretagne, dans un camping. Là, il y avait beaucoup de jeunes qui jouaient aux boules.

1. J'ai pensé: «*savoir jouer/nous/aux boules*, ce serait super. Nous pourrions jouer avec eux. Mais je ne connais pas les règles!»
   → _____

2. Camille m'a dit: «On pourrait apprendre les règles *les joueurs/observer*, non?»
   → _____

3. Patrick était le meilleur. Il montrait sa joie *crier/sauter/et*.
   → _____

4. Les jeunes étaient sympas. Ils jouaient *et/rigoler/se critiquer*. C'était amusant.
   → _____

5. Camille a rêvé de Patrick. Elle a pensé: «*gagner/il/chaque fois/ne … pas*, je ne m'intéresserais pas autant à lui.»
   → _____

Les vacances commençaient bien!

> Das Gérondif setzt sich zusammen aus *en* und wird aus folgender Verbform gebildet: Stamm der 1. Person Plural Präsens + *-ant*.

**b** *Refaites les phrases suivantes en utilisant une autre forme que le gérondif. Puis, cochez pour chaque phrase la fonction du gérondif: T (temps), M (manière) ou C (condition). Attention, il y a parfois deux solutions.*

*Exemple:* En nous promenant, nous avons rencontré Léa.
→ Quand nous nous sommes promené(e)s/pendant que nous nous promenions, nous avons rencontré Léa (**T**).

|   | T | M | C |
|---|---|---|---|

1. Patrick s'est approché de Camille *en lui souriant*.
   _____

2. Puis il l'a aidée à lancer¹ des boules *en lui expliquant comment faire*.
   _____

3. Il a pensé: «*En n'étant pas si timide*, j'en profiterais pour la draguer.
   _____

4. Je vais l'inviter à la piscine *en discutant avec elle*.
   _____

5. *En ne pas acceptant mon invitation*, elle me blesserait.»
   _____

Ils sont allés à la piscine ensemble et sont tombés follement amoureux l'un de l'autre …

---

**1 lancer:** werfen

43

# Modes et temps — Horizons

## 64 Pique-nique à la campagne
→ Das *Participe présent*, BG § 95, OG §§ 93, 94

**a** *Ecrivez les phrases dans votre cahier. Transformez les phrases en remplaçant les parties soulignées par un participe présent.*

> Chère Julie,
>
> Voilà comment s'est passé mon week-end en famille. Comme je te l'ai raconté, nous sommes partis à la campagne. <u>Comme nous avions faim</u>, nous nous sommes arrêtés pour faire un pique-nique à côté d'une forêt. Très chouette! Mais, à ce moment-là, nous avons vu des avions <u>qui volaient</u> juste au-dessus de nos têtes! Ça commençait bien …
>
> Nous sommes quand même restés là, <u>parce que nous espérions</u> que le calme allait revenir. Julie, <u>qui n'aime</u> pas les fromages de la région, a pris seulement des fruits. Maman, <u>qui savait</u> qu'elle ne les aimait pas, avait aussi emporté des pommes, des oranges et des kiwis. Nathalie, elle, voulait un sandwich. Mais <u>quand Papa lui a donné son sandwich</u>, il l'a laissé tomber! Nathalie s'est énervée et ils se sont disputés. Mon frère et moi, nous regardions souvent autour de nous <u>parce que nous préférions</u> regarder le paysage. Devant nous, il y avait des chiens <u>qui couraient</u> après une vache. C'était très drôle! <u>Comme nous étions très fatigués</u>, nous nous sommes allongés pour faire une sieste.
>
> A plus! ☺
>
> Morgane

**b** *Indiquez la fonction du participe présent (T = Temps, C = cause, R = phrase relative) en cochant la bonne réponse. Puis refaites la phrase en utilisant une autre forme que le participe présent. Il y a parfois 2 solutions.*

|   | T | C | R |
|---|---|---|---|

1. Ayant fini notre sieste, nous avons voulu repartir.
   _____
   _____

2. Maman regardant autour d'elle s'est aperçue que la voiture n'était plus là.
   _____
   _____

3. La voiture ayant roulé toute seule s'était arrêtée au bord de la rivière.
   _____
   _____

4. Papa voulant consoler Nathalie, l'a fait pleurer …
   _____
   _____

5. Heureusement, la voiture n'étant pas cassée, nous avons pu continuer notre voyage.
   _____
   _____

# Horizons

# Constructions et syntaxe

**65** **Avec des si ...**    → *Si*-Sätze, Bedingungssatz I, II und III, BG § 92, OG § 90

**a** *Reliez les deux parties de phrases conditionnelles de type I et complétez-les avec le bon verbe:*

| 1. Si vous ne prenez pas l'avion de 5 h 30, | lire | comment veux-tu savoir ce qui se passe à l'étranger? |
|---|---|---|
| 2. Si tu ne _____ jamais le journal, | arriver | si tu _____ une pomme par jour. |
| 3. Tu ne tomberas jamais malade | manger | vous n'_____ pas à l'heure à votre rendez-vous. |

**b** *Reliez les deux parties de phrases conditionnelles de type II et complétez-les avec le bon verbe:*

| 1. Les échanges scolaires avec la France ne _____ pas possibles | être | les Allemands organiseraient des manifestations. |
|---|---|---|
| 2. Si j'étais en bonne santé, | interdire | si l'OFAJ n'existait pas. |
| 3. Si l'UE _____ la bière, | appeler | je n'_____ jamais le docteur. |

**c** *Reliez les deux parties de phrases conditionnelles de type III et complétez-les avec le bon verbe:*

| 1. Si j'_____ habiter en ville, | s'habituer | il _____ une bonne note. |
|---|---|---|
| 2. Je n'aurais jamais eu envie de déménager | préférer | je n'aurais pas acheté de ferme. |
| 3. S'il n'avait pas été aussi fatigué, | avoir | si je _____ à la ville. |

**66** **Si j'avais su ...**    → *Si*-Sätze, Bedingungssatz I, II und III, BG § 92, OG § 90

*Complétez les phrases conditionnelles en mettant les verbes à la bonne forme.*

Clémence attend David devant le cinéma, mais il n'arrive pas. Elle se dit:

1. Si je ne l'avais pas appelé ce matin sur son portable,

   il _____ notre rendez-vous.

   J'en suis sûre!

2. S'il n'arrive pas, j'_____ voir le film toute seule.

3. Et nous ne _____ plus jamais ensemble,

   même s'il me le demandait.

4. Et s'il s'approchait de moi, je l'_____ .

5. Je ne lui _____ plus bonjour s'il ne vient pas.

6. Je ne me serais jamais intéressée à lui si nos amis

   _____ cette fête!

7. Si j'_____ , je ne l'aurais jamais appelé.

8. Tout _____ plus facile si j'étais moins

   amoureuse de lui.

oublier

aller

sortir

éviter

dire

ne pas organiser

savoir

être

45

# Constructions et syntaxe — Horizons

## 67 Des bonnes notes
→ „Si" oder „quand"?, BG § 80, OG §§ 85, 90

*Complétez par «si» ou «quand» et mettez les verbes entre parenthèses au présent ou au futur simple.*

Vergiss nicht:
Nach „si", kommt nie das futur und nie das conditionnel!

Le système scolaire français:

A 3 ans, la petite Sophie entre à l'école maternelle.

1. _____ elle quittera l'école maternelle dans 3 ans, elle _____ (aller) à «l'école primaire».
2. Cinq ans plus tard, _____ elle _____ (être) au collège, elle entrera dans une classe de 6e.
3. _____ elle a des bonnes notes, elle _____ (réussir) son BEPC.
4. _____ elle _____ (obtenir) son BEPC, elle passera au lycée. Les 3 classes du lycée s'appellent la seconde, la première et la terminale.
5. _____ elle continue à être bonne élève, elle _____ (pouvoir) passer le baccalauréat.
6. _____ son lycée propose l'AbiBac, elle _____ (choisir) de passer ce bac franco-allemand.
7. Et _____ elle aura son bac, elle _____ (pouvoir) enfin étudier en France ou même à l'étranger. Le rêve!

## 68 Jusqu'à la fin de ma vie
→ Indirekte Rede und indirekte Frage, BG §§ 89–91, OG §§ 80–83

*Ecrivez les phrases suivantes au discours indirect ou à l'interrogation indirecte.*

1. Le journaliste demande aux paysans: «Qu'est-ce que vous avez vendu aujourd'hui?»
   Le journaliste a demandé aux paysans → _____
2. Un agriculteur a répondu: «J'ai vendu des fruits et des légumes.»
   Un agriculteur a répondu → _____
3. L'agriculteur a voulu savoir: «Pourquoi avez-vous posé cette question?»
   L'agriculteur a voulu savoir → _____
4. Le journaliste: «Depuis combien de temps est-ce que vous faites ce métier?»
   Le journaliste a demandé à l'agriculteur → _____
5. L'agriculteur a précisé: «Et je l'exercerai jusqu'à la fin de ma vie.»
   L'agriculteur a précisé → _____
6. Le journaliste: «Est-ce que vous avez beaucoup d'animaux ici? Qui s'en occupe?»
   Le journaliste lui a demandé → _____
   _____
7. L'agriculteur a précisé: «Jusqu'à hier, c'était ma femme. Mais à partir de demain, ce sera ma fille.»
   L'agriculteur a précisé → _____
   _____

| Direkte Rede | → | Indirekte Rede |
|---|---|---|
| Présent | → | Imparfait |
| Passé composé | → | Plus-que-parfait |
| Futur simple | → | Conditionnel présent |
| Futur antérieur | → | Conditionnel passé |

# Horizons                                           **Constructions et syntaxe**

**69** **Vous avez déjà fait du surf?**          → Zeitenfolge in der Indirekten Rede, BG §§ 89–91, OG §§ 80–83

*Mettez les phrases ci-dessous au discours indirect ou à l'interrogation indirecte.*

Arnaud:
1. «J'ai vu un reportage hier à la télé sur les touristes allemands.
2. Ils aiment beaucoup les paysages en Provence.
3. Certains aimeraient apprendre à faire de la voile.
4. Demain, Carine et moi, nous ferons de la plongée.»

**a** *Racontez: Arnaud a dit …*

1. _____
2. _____
3. _____
4. _____

Chers élèves, Arnaud voudrait vous demander quelque chose de personnel:
1. «Est-ce que vous auriez aimé faire de la plongée avec nous?
2. Qu'est-ce qui vous faisait peur à la mer quand vous étiez petit(e)s?
3. Est-ce que vous faites du surf?
4. Pourquoi est-ce que vous n'avez pas appris à faire de la plongée?»

**b** *Racontez: Arnaud nous a demandé*

1. _____
2. _____
3. _____
4. _____

**70** **Qui va gagner la Coupe du monde[1]?**          → Das Passiv: Bildung und Gebrauch, BG § 96, OG § 96

*Transformez les phrases suivantes au passif.*

1. Un chien a blessé un enfant hier soir.

   → _____

2. Un singe aurait tué un homme.

   → _____

3. L'équipe de France gagnera la Coupe du monde.

   → _____

4. Le paysan avait tué toutes les vaches malades avant de les brûler.

   → _____

5. Le roi va ouvrir les prochains Jeux Olympiques.

   → _____

6. Des touristes ont vu un énorme poisson dans la mer Méditerranée.

   → _____

7. Des jeunes auraient brûlé 32 voitures dans la nuit de mercredi à jeudi.

   → _____

---

**1 la Coupe du monde:** die Weltmeisterschaft

47

# Constructions et syntaxe    Horizons

8. Le chef de l'Etat représentera notre pays.
   → _____

9. Un feu a entièrement détruit une maison neuve.
   → _____

10. Il faut que le directeur convoque l'élève.
    → _____

**71  Au voleur!**   → Passivsatz im Deutschen, Aktivsatz im Französischen, BG § 97, OG § 97

*Traduisez ces phrases passives en utilisant la forme active.*

1. Mir ist mein Geldbeutel gestohlen worden.
   → _____

2. Französisch wird in vielen Ländern gesprochen.
   → _____

3. Dieser Turm wurde durch den Wirbelsturm zerstört.
   → _____

4. Wann wird gegessen?
   → _____

5. Kaffee wird auch mit Milch getrunken.
   → _____

6. Eine neue Brücke wird bald gebaut werden.
   → _____

7. Der französische Präsident wird alle 5 Jahre gewählt.
   → _____

8. Es wurde noch nichts entschieden und ich wurde nicht danach gefragt.
   → _____

9. Das tut man nicht.
   → _____

10. „Strasbourg" wird in Französisch mit „s" und „ou" geschrieben.
    → _____

11. Hier wird Französisch gesprochen.
    → _____

Ici on rappe en français!

48

Horizons                                                    **Constructions et syntaxe**

**72** **A l'hôpital ...**                    → „Laisser faire" und „faire faire", GBH 5 § 5, OG § 60

*Un médecin raconte la vie des enfants malades à l'hôpital. Complétez les phrases en utilisant une forme de «laisser» ou de «faire».*

1. Nous voulons que les enfants se sentent bien ici. Alors on les _____ dormir longtemps le matin.

2. Le directeur _____ parfois venir des musiciens pour que les enfants écoutent de la musique.

3. De temps en temps, nous invitons aussi des clowns pour _____ rire les enfants.

4. Et aussi des animateurs qui leur _____ faire des dessins ou des activités.

5. Chaque matin, nous leur _____ faire aussi quelques exercices de sport même s'ils sont vite fatigués.

6. Nous _____ les parents manger avec leurs enfants s'ils le désirent.

7. Mais il est aussi important de les _____ s'amuser seuls.

**73** **Quelle journée!**          → Infinitivsätze mit „pour", „sans", „avant", „après", BG § 93, OG § 89

*Utilisez «avant», «après», «pour» ou «sans» avec une forme infinitive là où c'est possible.*
*Il y a parfois 2 solutions.*

Mélanie est triste parce que son copain Nathan vient de lui envoyer un SMS: il va mal et il est à l'hôpital.

| *Ex.:* Nathan a envoyé un SMS: il voudrait avoir la visite de Mélanie à l'hôpital. | Nathan a envoyé un SMS pour avoir la visite de Mélanie à l'hôpital. |
|---|---|
| 1. Elle est allée à l'hôpital. Elle avait acheté des fleurs dans un magasin. | |
| 2. Dans la chambre, Mélanie l'a embrassé, mais elle ne pouvait pas le prendre dans ses bras. | |
| 3. Le médecin est entré dans sa chambre. Nathan a dû prendre un médicament. | |
| 4. Mélanie est restée deux heures. Nathan ne pouvait pas quitter son lit. | |
| 5. Le soir, elle a dessiné des cœurs: elle ne voulait jamais oublier Nathan. | |
| 6. Puis elle s'est occupée de son courrier; et après, elle a joué du piano. | |
| 7. Elle a arrêté son téléphone. Elle ne voulait parler à personne. | |
| 8. Elle s'est endormie. Elle ne s'est pas lavé les dents *(Zähne putzen)*. | |

49

# Constructions et syntaxe

**Horizons**

**74** **Tu as un numéro de portable?**
→ Fragestellung: Intonationsfrage, Frage mit *est-ce que,* Inversionsfrage, absolute Fragestellung, BG §§ 87, 88, 83–84, OG § 75

*Complétez le dialogue suivant. Formez les questions comme indiqué ci-dessous à partir des mots donnés.*

▲ Intonationsfrage
♣ Frage mit *est-ce que*
■ Inversionsfrage
❍ absolute Fragestellung

*Exemple:* Bonjour, Madame. Je voudrais réserver une chambre d'hôtel à Nice, s'il vous plaît.

| une chambre | ou | réserver | double | vous | simple | vouloir | ▲ |

→ *Vous voulez réserver une chambre simple ou double?*

1. Nous prenons une chambre pour deux personnes, si c'est possible.

| arriver | vous | avoir l'intention de | quel jour | ■ |

→ _____

2. Le 19 février, à 18 heures.

| de | avoir | portable | vous | un numéro | ♣ |

→ _____

3. Oui, c'est le 06 78 16 17 63.

| vue sur | avoir | la chambre | belle | une | la mer | ❍ |

→ _____

4. Oui, Madame, elle a une vue magnifique. Vous aimerez sûrement.

| étage | quel | être | elle | à | ▲ |

→ _____

5. Au premier étage, Madame.

| faire | combien | elle | ▲ |

→ _____

6. 1200 euros, plus le petit-déjeuner.

| moins | proposer | pouvoir | une chambre | vous | nous | chère | ■ |

→ _____

7. Mais, Madame, c'est la moins chère!

| Chéri, | être | la solution | le camping | idéale | ne … pas | ❍ |

→ _____

| **Intonationsfrage** | → | Cet exo est difficile? |
| *Est-ce que*-**Frage** | → | Est-ce que que tu le trouves facile? |
| **Inversionsfrage** | → | Trouves-tu cet exo difficile? |
| **absolute Fragestellung** | → | Cet exo est-il facile? |

50

# Horizons

# Constructions et syntaxe

**75** **Au festival** → Verneinung, diverse Formen, BG §§ 49, 53, OG §§ 40–43

*Répondez aux questions par la forme négative. Dites le contraire des mots soulignés.*

| ☺ | ☹ |
|---|---|
| *Ex.:* Est-ce que tous les étudiants viendront au festival? | Non, *aucun ne viendra* au festival. |
| 1. En général, ils veulent toujours s'amuser. | En général, ils _____ |
| 2. Mais ils doivent encore passer l'examen oral. | Mais ils _____ passer l'examen oral. |
| 3. Ils se sont déjà rapprochés de certains organismes de jeunes. | Non, ils _____ _____ de certains organismes. |
| 4. Tous sont pour l'Union européenne. | _____ pour l'UE. |
| 5. Ils sont allés au Parlement Européen **et** au Conseil de l'Europe à Strasbourg. | Ils _____ _____ à Strasbourg. |
| 6. Les profs **et** les animateurs les ont accompagnés. | _____ _____ les ont accompagnés. |
| 7. Ils y ont rencontré beaucoup d'hommes politiques. | Ils _____ _____ . |
| 8. Tout leur a plu. | _____ leur a plu. |
| 9. Ils ont vu des produits de luxe. | Ils _____ produits de luxe. |
| 10. Ils ont tout aimé à Strasbourg. | Ils _____ à Strasbourg. |
| 11. Ils ont aimé la bière **et** les spécialités. | Ils n'ont aimé _____ _____ . |
| 12. Ils espèrent y retourner. | Ils espèrent _____ _____ . |

51

# Pronoms et déterminants

Horizons

**76** **Tu me le donnes?** → Das direkte und indirekte Objektpronomen, Reihenfolge der Pronomen, BG §§ 63–64, OG §§ 54–55, 58

**a** *Complétez le tableau avec le pronom objet correct.*

|  | les CD | la clé | le ticket |
|---|---|---|---|
| J'ai | **Je *les* ai.** |  |  |
| J'ai eu |  |  |  |
| Je vais avoir |  |  |  |

|  | mes parents | mon oncle/ma tante |
|---|---|---|
| Il téléphone. |  |  |
| Il a téléphoné. |  |  |
| Il doit téléphoner. |  |  |

|  | la voiture | le train |
|---|---|---|
| Je prends |  |  |
| J'ai pris |  |  |
| Je veux prendre |  |  |

**b** *Répondez aux questions et remplacez dans chaque phrase les parties soulignées par deux pronoms objets.*

Une interview avec le chauffeur de Nicolas Sarkozy.

1. Est-ce que vous avez demandé <u>à M. Sarkozy</u> s'il est d'accord que vous donniez <u>une interview</u>?

   Oui, je _____.

   Non, je _____.

2. Est-ce que c'est vrai qu'il vous a dit: «Présentez <u>vos idées politiques</u> <u>au journaliste du "Monde"</u>.»

   Oui, il m'a dit: «_____.»

   Non, il m'a dit: «_____.»

3. Vous le connaissez bien. Est-ce que M. Sarkozy dit toujours <u>la vérité</u> <u>aux Français</u>?

   Oui, il _____.

   Non, il _____.

4. Est-ce qu'il <u>vous</u> raconte <u>ses voyages à l'étranger</u>?

   Oui, il _____.

   Non, il _____.

5. Vous <u>nous</u> expliquerez <u>la politique de M. Sarkozy</u> dans une prochaine interview?

   Oui, je _____.

   Non, je _____.

6. Vous travaillez énormément. Est-ce que le président <u>vous</u> a proposé <u>de prendre quelques jours de vacances</u>?

   Oui, il _____.

   Non, il _____.

52

Horizons

# Pronoms et déterminants

**77** **Tu es rentrée des Etats-Unis?**

→ Stellung der Pronomen und Adverbialpronomen "y" und "en", BG §§ 63–64, 66–68, OG §§ 54–58

**a** *Complétez le tableau en remplaçant le nom du pays par les pronoms «y» ou «en», comme dans l'exemple.*

|  | **Aussagesatz** | **Verneinung** |
|---|---|---|
| 1. Elle a vécu aux Pays-Bas. | *Elle y a vécu.* | *Elle n'y a pas vécu.* |
| 2. Elle avait voyagé en Allemagne. | _____ | _____ |
| 3. Il va travailler au Danemark. | _____ | _____ |
| 4. Tu es rentrée des Etats-Unis? | _____ | _____ |
| 5. Elles viendront d'Autriche demain. | _____ | _____ |
| 6. Je vais bientôt revenir du Luxembourg. | _____ | _____ |

**b** *Mélanie était au concert du chanteur M. Elle raconte sa rencontre avec lui. Cochez la bonne réponse.*

1. Après son concert, M a signé ses CD à son public.
   - ☐ Il les lui a signé.
   - ☐ Il en lui a signé.
   - ☐ Il lui en a signé.

2. Il adore rencontrer ses fans derrière la scène.
   - ☐ Il y les adore rencontrer.
   - ☐ Il adore les y rencontrer.
   - ☐ Il les y adore rencontrer.

3. Il donne aussi des photos de lui à ses fans.
   - ☐ Il les leur donne.
   - ☐ Il leur en donne.
   - ☐ Il les y donne.

4. Ce soir-là, j'ai parlé à M de son concert.
   - ☐ Je lui en ai parlé.
   - ☐ Je l'en ai parlé.
   - ☐ J'en lui ai parlé.

5. Il a offert des CD à quelques fans.
   - ☐ Il leur en a offertes.
   - ☐ Il le leur a offert.
   - ☐ Il leur en a offerts.

6. Il a invité ces jeunes fans dans un restaurant.
   - ☐ Il les y a invités.
   - ☐ Il l'y a invité.
   - ☐ Il leur y a invité.

# Pronoms et déterminants — Horizons

## 78 La dernière fête du collège
→ Indefinite Pronomen und Begleiter, BG § 79, OG § 11

**a** *Complétez les phrases soit par un adjectif indéfini suivi d'un nom, soit par un pronom indéfini.*

Henri parle de la dernière fête de son collège.

1. Pour fêter le 50ᵉ anniversaire de notre collège, _____ professeurs ont eu l'idée de faire une comédie musicale.
2. _____ voulaient aussi organiser un grand repas pour les parents.
3. _____ étaient d'abord contre le repas.
4. Ils avaient _____ idées.
5. _____ était intéressante.
6. Malheureusement, il y a eu des petits problèmes. Et _____ ne m'ont pas étonné.
7. Finalement, _____ les professeurs et _____ les classes ont participé à la fête.
8. _____ garçons n'avaient pas envie de chanter.
9. _____ filles avaient le trac.
10. Mais _____ garçon, ni _____ fille n'a mal chanté.
11. La comédie musicale parle de _____ sujets qui concernent les jeunes.
12. Malheureusement, mon ami Julien était malade: il _____ a pu _____ chanter, _____ participer au repas.
13. Avec 40 °C de température, _____ ne l'intéressait.
14. Et _____ a pensé à lui porter un gâteau de la fête.

Einige · Manche · Andere · Andere · Jede · Manche · Alle · Alle · Gewisse · Mehrere · Kein · kein · Verschiedene · Weder noch · Nichts · Niemand

**b** *Reliez avec une flèche les parties entre elles.*

1. Aucun de mes amis
2. Chacun
3. Certains garçons
4. Aucune
5. Certaines de
6. Toute

a) ses copines sont très mignonnes.
b) de mes frères joue de la musique
c) sa famille est sympa.
d) n'est arrivée à l'heure.
e) n'ont pas aimé le stage
f) n'est venu à ma fête.

Vergiss nicht! *Aucun* und *rien* verhalten sich als Subjekte wie *personne*:
Aucune fille ne m'intéresse.

# Horizons

# Pronoms et déterminants

**79** **Excusez-moi, Monsieur le Président ...** → Possessivpronomen und -begleiter, BG §§ 8, 78, OG §§ 8, 63

*Complétez les phrases avec le bon adjectif possessif ou pronom possessif.*

Ah, ma grand-mère Anne! Elle a connu beaucoup de gens importants dans sa vie! Enfin, c'est ce qu'elle dit ... Elle me commente aujourd'hui les photos de son vieil album.

1. «Ici, c'est le président de la République. Il a plusieurs frères. Là, avec _____ frère Alain, ils admirent

   ensemble une voiture de sport, mais elle ne leur appartient pas. Ce n'est pas _____!

2. Voilà la princesse Nour. A l'époque, elle habitait encore chez _____ parents. Mes parents ont eu

   quatre enfants, mais je ne sais pas combien _____ en ont eu. Tu le sais, toi?

3. Là, ton père et moi, nous discutons de nos enfants avec les nouveaux voisins, la famille Belmondo. Nous leur

   demandons: «Quel âge ont _____ enfants? » Ils répondent: «_____ enfants? Ils ont 8 et 10 ans.

   Et _____?». «_____? Ils ont 9 et 11 ans. Super! Comme ça, ils peuvent jouer

   ensemble! »

4. Sur cette photo, Konrad Adenauer vient de trouver des lunettes. Il demande à Charles de Gaulle:

   «Excusez-moi, Monsieur le Président, ce sont _____ lunettes»? – « Non, désolé, ce ne sont

   pas _____.»

5. Et là, c'est mon cousin Alain Delon. Il me demande: «Ma chère Anne, comment vont _____

   parents?» Je lui réponds: «Ils sont en bonne santé, merci. Je ne peux pas me plaindre. Et comment

   vont _____?»

**80** **Tu as vu mes DVD?** → Demonstrativbegleiter und -pronomen, BG §§ 9, 77, OG §§ 9, 62

*Complétez avec le bon pronom ou déterminant démonstratif.*

ce      cette      ceux      celui      cet
        celle-là      ces      celle-ci      ces
                                      cela

Juliette et Benjamin sont jumeaux *(Zwillinge)* et ils se disputent souvent.

*Benjamin:* Donne-moi _____ lecteur mp3. C'est le mien!

*Juliette:* C'est pas vrai. Il est à moi. Mais si tu veux, je te donne _____ jeux.

*Benjamin:* Je m'en fous des jeux! Et _____ ne me plaît pas du tout que tu prennes toujours mes

   affaires.

*Juliette:* Tu es bête! On n'a qu'à écouter une chanson ensemble. Qu'est-ce que tu préfères? _____

   ou _____?

*Benjamin:* Qu'est-ce que ça peut te faire? Zut! J'ai perdu mes deux DVD. Tu vois _____ dont je veux

   parler?

*Juliette:* Oui, je vois. Mais, je n'ai pas vu _____ DVD. C'est ton problème!

*Benjamin:* Il y en a un, c'est _____ de _____ ami avec qui je dois préparer l'exposé

   de demain.

*Juliette:* Ah, oui? Je vois. Ce n'est pas plutôt «_____» amie?

55

# Pronoms et déterminants — Horizons

## 81 Tu veux des frites?
→ Teilungsartikel und Mengenangaben, BG §§ 6, 7, OG §§ 6, 7

**a** *Complétez les phrases en mettant les mots dans le bon ordre et en utilisant le bon article partitif. Attention, il y a dans chaque phrase un intrus (Eindringling)!*

Malika et Bruno veulent faire une petite fête sympa.
Ils préparent une liste ensemble pour faire les courses, mais ils ne sont pas toujours d'accord.

1. | grammes | tomates. | 500 | des | de |
   *Malika:* Pour la salade, il nous faut d'abord _____

2. | des | tomates? | assez | de |
   *Bruno:* Et tu crois que pour 15 personnes, nous avons _____

3. | autres | beaucoup | d' | choses. | des |
   *Malika:* Bien sûr, et nous avons encore _____

4. | beaucoup | des | de | frites. | avec |
   *Bruno:* Nous avons aussi besoin d'un poulet _____

5. | ne | de | pas | poulet | de | légumes! | ni |
   *Malika:* Je ne veux _____

6. | du | avec | beurre! | de | du | poisson |
   *Bruno:* Je préfère manger _____

7. | des | du | et | œufs. | de | sandwichs | fromage | avec | des |
   *Malika:* Pas génial. Alors, on va faire _____

8. | les | aime | n' | des | œufs | je | pas |
   Moi, _____

9. | kilos | d' | 2 | oranges. | des |
   *Bruno:* Et pour faire du jus d'orange, achète _____

10. | eau | d' | café | et | de | du | l' | minérale. |
    *Malika:* Et comme boissons, il faut aussi acheter _____

11. | vin? | des | pas | de |
    *Bruno:* Tu n'achètes _____

12. | des | sans | boissons | du | alcool! |
    Non, j'achète seulement _____

> Nach *aimer, adorer, préférer* und *détester* steht immer der bestimmte Artikel.

56

| Horizons | **Pronoms et déterminants** |

**b** *Votre correspondant(e) français(e) est en visite chez vous en Allemagne et vous voulez faire un gâteau au chocolat ensemble. Vous trouvez sur Internet cette recette simple et rapide. Expliquez-la en français à votre correspondant(e). Faites attention aux quantités (Mengen).*

1. D'abord, on fait fondre _____ avec
   _____ dans une casserole *(Kochtopf)*.

2. Ensuite, on pose la casserole à côté de la source de chaleur et on y ajoute
   _____, _____
   _____ et _____.

3. Dans un saladier, on prépare une mousse avec _____,
   _____,
   et _____. Puis, on mélange dans la casserole
   avec _____.

4. Puis on met _____ dans une forme pour
   gâteau qu'on met au four *(Ofen)* pendant 35 minutes environ. Vous obtiendrez
   alors un gâteau d'_____ environ.

5. Après, on peut décorer *(schmücken)* le gâteau avec
   _____ ou
   _____.

*Zutaten:*
1 Tafel Schokolade
1/8 Liter Wasser

125 g Butter    1 Tasse Mehl
1/2 Päckchen Hefe *(levure)*
3 Eier
250 g Zucker
ein wenig Wasser
ein bisschen Salz
das Ganze
ein Kilo
Puderzucker *(sucre glace)*
geschmolzene Schokolade

---

**82  A propos de ma cité**   → Relativpronomen „qui", „que", „dont", „où", „ce qui", „ce que", BG §§ 70 – 73, OG §§ 64, 66, 68

*Complétez le texte avec les bons pronoms relatifs. Attention, il peut y avoir plusieurs solutions.*

Salut à tous!

Voici la cité _____ je suis née. _____ ne va pas ici, ce sont ces grands immeubles _____ on parle beaucoup dans les médias et _____ semblent être sans vie. Leurs habitants, _____ s'occupent les services sociaux de la mairie, sont très pauvres parce qu'ils trouvent difficilement du travail. La vie est dure ici, mais _____ je trouve sympa dans nos quartiers, c'est que tout le monde se connaît. J'habite depuis 21 ans dans cette même cité, et j'ai des rêves. _____ j'aimerais, c'est que la maison _____ je rêve chaque nuit deviennent réalité. Et _____ me plairait, ce serait de quitter un jour le quartier et de devenir un écrivain connu comme Azouz Begag, _____ est d'origine algérienne, comme moi. Il va venir faire une conférence dans notre quartier et il va parler de son dernier livre _____ j'ai déjà lu deux fois. Azouz Begag a aussi été ministre *(Minister)* de 2005 à 2007, et _____ serait super, c'est qu'il donne de l'espoir à tous les autres jeunes du quartier.

Et vous, est-ce que vous avez des rêves? Ecrivez-moi et c'est avec plaisir que je répondrais.

A plus!

Kéra

57

# Pronoms et déterminants

Horizons

**83** **Devinettes**                    → Hervorhebung mit „C'est … qui/que", BG § 70, OG § 65

*Complétez les trous avec le bon pronom relatif et trouvez le mot qui va avec la définition. Dans la colonne grise, vous trouverez le nom d'un pays francophone.*

1. C'est un objet _____ on utilise pour mettre ses affaires quand on fait les courses dans un supermarché:

   c'est un _____ .

2. C'est une femme _____ on peut voir travailler à la ferme, c'est une _____ .

3. C'est une femme _____ suit les lois de l'Islam: c'est une _____ .

4. C'est un homme _____ on peut voir travailler dans les champs, c'est un _____ .

5. C'est grâce à cet objet _____ les gens peuvent connaître l'heure: c'est une _____ .

6. C'est un film très court _____ sert de publicité pour un nouveau film: c'est une

   _____ .

7. C'est là _____ travaillent les juges: c'est un _____ .

8. Ce sont des animaux _____ sont bêtes d'après les hommes: ce sont des _____ .

**Mot-clé:** le _____

**84** **Ville ou campagne?**          → Relativpronomen „dont" und „d'où", BG §§ 70, 73, OG §§ 64, 68

*A Marseille, Marius rencontre Pierre. Rayez le pronom relatif qui n'est pas correct dans leur dialogue.*

*Marius:* **Dont/D'où** venez-vous?
*Pierre:* Je viens de Paris. Vivre à Paris, c'est ce **dont/d'où** j'ai toujours rêvé. J'adore la Tour Montparnasse, **dont/d'où** je peux voir tout Paris. Mais vous, vous avez bien l'accent de la région **dont/d'où** vous venez.
*Marius:* Ah, moi, je suis heureux ici à Marseille. Je suis un vrai habitant du Midi **dont/d'où** rien ne me ferait partir. Mais vous, vous êtes né à Paris?
*Pierre:* Non, pas du tout. Mon père, **dont/d'où** la famille est belge, est venu en France à l'âge de 34 ans. L'entreprise **dont/d'où** il s'occupait en Belgique ne marchait pas bien. A ce moment-là, on lui a proposé un travail à la Défense. C'était une très belle occasion **dont/d'où** il s'est méfié au début, mais **dont/d'où** il a finalement profité. Bruxelles, **dont/d'où** nous sommes partis, est une ville très agréable à vivre. Mais que faire?
*Marius:* Et bien, venez chez moi à Marseille. Il y a tout ce **dont/d'où** on a besoin: la mer, le soleil, les plages …
*Pierre:* Mais il y a une chose là **dont/d'où** vous n'êtes pas toujours fiers: c'est votre club de foot …

58

# Horizons

# Pronoms et déterminants

**85** **Duquel s'agit-il?** → Relativpronomen „qui", „que", „dont", „où", „lequel", BG §§ 70–74, OG §§ 64, 67, 68

**a** *Complétez avec le pronom relatif «qui», «que», «dont», «où».*

1. C'est un ami _____ j'ai besoin.

   _____ ne m'a jamais menti.

   _____ je n'oublierai jamais.

2. Nîmes est une ville _____ les Romains ont habité longtemps.

   _____ se trouve près du Pont du Gard.

   _____ je veux visiter un jour.

3. C'est une bonne nouvelle _____ je me souviendrai toute ma vie.

   _____ je vais annoncer à ma famille.

   _____ me fait vraiment plaisir.

4. 2003, c'est l'année _____ j'ai vécu à Paris.

   _____ j'ai parlé le plus.

   _____ a changé ma vie.

**b** *Complétez avec la bonne forme de «lequel», selon l'indication entre parenthèses.*

1. C'est une station de ski _____ il y a une jolie rivière (près de).

   _____ tu peux arriver en train et bus (à).

2. Achète-moi des livres _____ je pourrais découvrir des choses

   chouettes (grâce à).

   _____ il y a de belles photos (dans).

3. J'ai fait un séjour _____ j'ai pu profiter de la nature (pendant).

   _____ je repenserai souvent (à).

4. Voilà les règles de grammaire _____ j'ai eu une mauvaise note (à cause de).

   _____ tu dois réfléchir (à).

5. Voici l'organisme _____ j'habite (en face de).

   _____ cette découverte est très importante

   (selon).

# Pronoms et déterminants                                    Horizons

**86** **Musique, musique …**                    → Fragepronomen „lequel", BG § 75, OG § 70

*Léa et Marie parlent de musique. Cochez le bon pronom interrogatif. Il y a parfois deux réponses possibles.*

1. J'adore cette émission musicale.

☐ Ah oui? Lequel?
☐ Ah oui? De laquelle?
☐ Ah oui? Laquelle?

2. Tu sais celle qu'on a vue hier soir avec les groupes en *live*.

☐ De laquelle veux-tu parler?
☐ Laquelle veux-tu parler?
☐ Sur laquelle veux-tu parler?

3. *Taratata.* Tu te souviens? Il y avait ce chanteur super mignon.

☐ Lequel penses-tu?
☐ Auquel penses-tu?
☐ Duquel penses-tu?

4. Tu sais, Adrien! C'est le chanteur du groupe.

☐ Dans quel joue-t-il?
☐ Duquel joue-t-il?
☐ Dans lequel joue-t-il?

5. Les BB Brunes. Quand j'écoute leurs chansons, je pense à plein de choses.

☐ Ah bon, auxquelles?
☐ Ah bon, auxquels?
☐ Ah bon, sur lesquelles?

6. A la vie, à l'amour … Cela me fait penser aussi à mon ex …

☐ A qui penses-tu?
☐ Lequel penses-tu?
☐ Auquel penses-tu?

7. Ben, Alex! Mais le groupe parle aussi des réalités de la vie.

☐ Desquelles parle-t-il?
☐ Lesquelles parle-t-il?
☐ Sur lesquelles parle-t-il?

8. Des réalités sociales …

☐ Auxquels t'intéresses-tu?
☐ Lesquelles t'intéresses-tu?
☐ Auxquelles t'intéresses-tu?

9. Ecoute Marie. Tu poses trop de questions.
   Achète-toi leur disque et tu verras bien!

☐ Lequel?
☐ Duquel?
☐ Quel?

**Horizons**                                                    **Adjectifs, adverbes et prépositions**

---

**87** **Besoin d'amour?**                     → Das Verb und seine Ergänzungen, BG §§ 81, 82, OG §§ 72, 73

*Mettez les mots dans le bon ordre et formez des phrases complètes. Choisissez la bonne préposition du verbe.*
*Attention, il y a un intrus (Eindringling)!*

*Exemple:* j'ai | à | *Pendant les vacances* | *du cheval.* | de | *faire* | *appris*
→ *Pendant les vacances, j'ai appris à faire du cheval.*

1. va proposer | de | fêter | Elle | à ses voisins | le Nouvel An | ensemble. | à

   → _____

2. parents. | de l' | argent de poche | à | demande | Elodie | ses | des

   → _____

3. remercie. | frère | aide. | de | Catherine | son | à | son

   → _____

4. nous | à | de | un DVD | chez lui. | Eric | invite | regarder

   → _____

5. veut | aider | Marc | réparer | son oncle | à | son ordinateur | de

   → _____

6. copains | à | de | de | s'arrêter | fumer | Mes | sont arrivés

   → _____

7. oublié | à | fermer | J'ai | de | la porte

   → _____

8. Nous | tous | l'amour | avons | besoin | d'amour

   → _____

9. ment | à | de | Elle | ami | son

   → _____

---

**88** **A travers la Provence**          → Präpositionen und präpositionale Ausdrücke, BG §§ 59, 60, OG §§ 51, 52

**a** *Voyages dans le sud de la France. Complétez les phrases avec la bonne préposition.*

1. _____ *(seit)* des années, ma famille aime voyager _____ *(durch)* la Provence.

   Mes parents ont découvert cette région _____ *(in)* 1970.

2. _____ *(unserer Meinung nach)*, elle est belle surtout _____ *(im)* printemps

   et _____ *(im)* automne.

3. _____ *(Ende Juli)*, des millions de Français partent en voiture _____

   *(Richtung)* sud pour passer leurs vacances _____ *(in der)* soleil.

4. Souvent, ils vont _____ *(in die)* Provence, _____ *(an der)* Côte d'Azur.

5. C'est pourquoi, _____ *(im)* été, il y a beaucoup de touristes _____ *(trotz)* la grosse chaleur, surtout

   _____ *(vom)* 15 juillet _____ *(bis)* 15 août.

61

# Adjectifs, adverbes et prépositions                    Horizons

6. _____ *(vom)* 9 heures _____ *(bis)* 17 heures, impossible de trouver un petit bout de plage, surtout _____

   *(= Sonntags)* dimanche. C'est pourquoi nous arrivons toujours _____ *(am)* 1er septembre.

7. Pourtant, il y a des endroits très sympas et pas chers _____ *(in der Nähe von)* la montagne.

8. Je suis heureuse: nous partons _____ *(in)* 15 jours.

**b** *Complétez les phrases en utilisant les prépositions suivantes:*

> il y a    A cause des    sur    devant    grâce aux    à la    à côté de
> du    pendant    par

Paris et le Louvre

1. _____ début _____ fin de l'année, il y a des touristes dans la capitale de la France,

   surtout _____ les vacances.

2. Malheureusement, les chambres d'hôtel sont chères: elles font au moins 120 euros _____ nuit.

3. Les touristes aiment visiter les musées. Mais quand ils veulent prendre une photo de la «Vénus de Milo»

   au Louvre, il y a toujours trop de touristes _____ la célèbre statue.

4. _____ milliers de visiteurs ou plutôt _____ milliers de visiteurs du Louvre,

   la Joconde a déménagé dans un bâtiment plus sûr _____ quelques années déjà.

5. J'ai lu beaucoup de livres _____ l'histoire de la Joconde. En allemand, on l'appelle «Mona Lisa».

   Chez moi, j'ai même une affiche de la Joconde, juste _____ mon lit.

## 89  La belle vie                    → Adjektive: Angleichung und Stellung, BG §§ 16, 17, OG §§ 17–19

*Complétez les phrases. Accordez les adjectifs et mettez-les à la bonne place.*

Dans une *(ville-grand)* _____ comme Paris, il y a des *(activités-intéressant)*

_____ , mais la vie y est *(cher)* _____ . Avoir un

*(appartement-beau)* _____ ou une *(maison-beau)* _____

_____ , ce n'est pas *(évident)* _____ . Aujourd'hui, qui peut habiter

les *(quartiers-beau)* _____ ?

Et puis, il y a les *(gens-agressif)* _____ et les *(heures-long)* _____

_____ qu'on passe à faire la queue. Sans oublier les *(problèmes-typique)*

_____ de Paris, comme le *(métro-sale)* _____

et les _____ *(rues-bruyant)*.

Paris est aussi une *(métropole-international)* _____ avec beaucoup

d'*(entreprises-étranger)* _____ et d' *(organismes-international)*

_____ comme l'UNESCO. On y voit aussi des *(parcs-beau)*

_____ et des *(églises-vieux)* _____ ,

mais aussi des *(musées-nouveau-connu)* _____ dans

le monde entier. Malheureusement, les Parisiens n'ont pas le temps de profiter de leur belle ville. Quand on décrit

la vie des habitants de Paris, on dit «métro-boulot-dodo».

# Horizons — Adjectifs, adverbes et prépositions

## 90 Naturellement! → Die Bildung der abgeleiteten Adverbien, Adjektiv statt Adverb, BG § 54, OG §§ 47–48

**a** *Transformez les adjectifs en adverbes.*

| 1. Il est en retard, c'est évident. | _____, il n'est pas à l'heure. |
|---|---|
| 2. C'est un chien méchant. | C'est vrai, il regarde les gens _____. |
| 3. Est-ce que je suis si différente des autres? | Tu penses _____ des autres. |
| 4. J'aime les éléphants parce qu'ils sont énormes. | Oui, ils mangent _____ et ils sont _____ lourds. |
| 5. Marie a gagné le prix de la meilleure actrice. | Oui, elle joue vraiment _____ que les autres. |
| 6. Elle n'est jamais gentille avec les autres. | Tu as raison, elle ne sait pas parler _____. |
| 7. Les escargots sont des animaux très lents. | C'est vrai, ils avancent très _____. |
| 8. Est-ce que ce produit est bon? | Oui, on le vend très _____. |
| 9. C'est une grande dame très élégante. | Oui, regarde comme elle marche _____. |
| 10. Elle a une jolie façon de parler. | C'est vrai. Elle sait dire les choses _____. |
| 11. C'est un mauvais cuisinier. | Tu trouves qu'il cuisine _____? |
| 12. Sais-tu quel est l'adverbe de «vrai»? | Naturellement! C'est «_____». |

**b** *Certains adjectifs ont une fonction adverbiale. Traduisez les phrases suivantes:*

1. Er hat sein Auto teuer bezahlt. → _____

2. Er spricht gerne laut. → _____

3. Sie kann nicht richtig singen. → _____

4. Riecht der Käse gut oder schlecht? → _____

5. Die Möbelpacker arbeiten hart. → _____

6. Gehen Sie geradeaus. → _____

7. Gestern war das Wetter schlecht. → _____

63

# Adjectifs, adverbes et prépositions     Horizons

## 91 Une nouvelle voiture
→ Steigerung und Vergleich der Adjektive und Adverbien, BG §§ 17, 18, 57, OG §§ 18–20, 49

**a** *Complétez par des comparatifs (+, =, –) ou superlatifs (++, – –).*

Eric et Anne voudraient acheter une voiture neuve. Ils ont le choix …

*Eric:* Regarde, elle est jolie, cette Renault, non?

*Anne:* Oui, elle est _____ (+ beau) la Citroën, mais elle est

_____ (– joli) la Peugeot, je trouve.

*Eric:* Oui, c'est vrai. J'aime bien la Peugeot, mais c'est _____ (++ vieux) trois.

*Anne:* Et la Renault est _____ (= petit) la Citroën.

*Eric:* Mais la Citroën est _____ (– – cher) toutes.

*Anne:* Prenons la Peugeot, alors. C'est _____ (++ grand) trois et son moteur est bien

_____ (+ bon) celui de la Citroën, ce qui est important pour moi.

*Eric:* Alors, à ton avis, quelle voiture devons-nous acheter? Quelle est _____ (++ bon)?

**b** *Complétez par des comparatifs (+, =, –).*

1. Sur ce CD, les musiciens jouent _____ (+/bien) en concert.
2. Il fait chaud et je vais boire _____ (+/vite) l'éclair!
3. Aujourd'hui, je t'ai attendu _____ (–/long) la dernière fois.
4. Fais-le _____ ( =/gentil) tu peux.
5. Alex travaille _____ (=/mauvais) moi à l'école!
6. Jeanne parle espagnol _____ (–/facile) Stéphanie.

## 92 En France, il y a plus de chiens …
→ Vergleich bei Nomen GBH 5, § 24

*Comparez les pays de l'Union européenne. Utilisez le comparatif «+/–/=» du nom.*

*Exemple:* Espagne (+)/Italie
*En Espagne, il y a **plus de** chômeurs **qu'**en Italie.*   chômeurs

1. la France (+)/l'Allemagne    montagnes

_____

2. la Belgique (–)/le Portugal    plages

_____

3. Angleterre (=)/l'Espagne    habitants

_____

4. la Grèce (=)/la Belgique    voitures

_____

> Mann kann auch den Komparativ mit Nomen bilden:
> Il y a **plus de** forêts en Suède **qu'**en Belgique.
> Le Luxemboug a **moins d'**habitants **que** la Suisse.
> J'ai **autant de** copains **que** toi.

64

# Horizons

# Exercices mixtes et révisions

**93 Tous les temps** → Zeiten und Modi, BG §§ 38–48, OG §§ 21–25

**a** *Reconnaissez-vous le temps et le mode ici? Cochez la bonne réponse. Attention! Il peut y avoir deux bonnes réponses sur la même ligne.*

| | imparfait | futur | conditionnel | subjonctif | | imparfait | futur | conditionnel | subjonctif |
|---|---|---|---|---|---|---|---|---|---|
| nous allions | | | | | je ferai | | | | |
| tu liras | | | | | ils mettraient | | | | |
| il essayait | | | | | elle suivait | | | | |
| ils recevraient | | | | | ns. ns. apercevrions | | | | |
| vous ayez | | | | | tu comprennes | | | | |
| elles étudiaient | | | | | elle partait | | | | |
| vous choisissiez | | | | | elle enverra | | | | |
| ns. ns. allongerons | | | | | vous iriez | | | | |
| ils croiraient | | | | | tu entendras | | | | |
| tu remercieras | | | | | il écrivait | | | | |
| elle écouterait | | | | | ns. payerions | | | | |
| nous fassions | | | | | je méritais | | | | |
| vs. vs. ennuieriez | | | | | tu recevrais | | | | |
| tu prieras | | | | | je me lèverais | | | | |
| elle éteindrait | | | | | nous craignions | | | | |

**b** *La chanteuse Princess' Leïla donne une interview à un journaliste. Complétez le dialogue en mettant les verbes au temps et à la forme correcte.*

**Journaliste: Quand et comment est-ce que le rap est né en France?**

*Princess' Leïla:* Le rap est né dans les années 80. Mais c'est la radio *Skyrock* qui a permis de faire connaître le rap

à travers la France en _____ *(jouer)* des artistes comme NTM ou Diam's. Après _____

*(connaître)* un succès rapide dans les banlieues, c'est devenu un genre musical qui _____ *(plaire)* aux

jeunes de tous les quartiers.

**Journaliste: Bien que vous _____ *(avoir)* un discours politique, beaucoup de gens pensent que**

**le rap _____ *(transmettre)* un message de violence. Faut-il alors qu'on l'_____**

***(interdire)*?**

*Princess' Leïla:* C'est vrai que le rap gêne. Si les rappeurs attaquaient moins la politique, ils _____

*(avoir)* certainement moins de problèmes. Mais je suis heureuse que nous _____ *(pouvoir)*

exprimer dans nos textes ce que la jeunesse _____ *(vouloir)* exprimer en général. Et il est

important que le gouvernement _____ *(savoir)* ce qui se passe dans les banlieues. J'ai d'ailleurs

écrit au président de la République et j'espère qu'il _____ *(recevoir)* la lettre que je lui

_____ *(envoyer)* car il faut faire quelque chose avant qu'il y _____ *(avoir)* des

problèmes encore plus graves.

65

# Exercices mixtes et révisions

**Horizons**

*Journaliste:* **Vous voulez que votre message _____ *(être)* positif, alors pourquoi est-ce que les groupes de rap _____ *(continuer)* à écrire des textes agressifs?**

*Princess' Leïla:* Avant _____ *(critiquer)* le rap, il faut d'abord prendre le temps de l'écouter.

J'aimerais aussi que les gens _____ *(comprendre)* que c'est une forme d'art.

---

**94** **Rouge comme une tomate**  → Absolute Fragestellung, das *Gérondif*, BG §§ 88–94, OG §§ 75–78, 91–92

*Complétez le texte en remplaçant les gérondifs par une autre construction et en transformant les questions en une interrogation complexe.*

*Exemple:* En prenant son petit-déjeuner, Lola rêvait de Mehdi. Elle s'est demandé: «Est-ce qu'il pense aussi à moi?»
*Pendant qu'elle prenait* son petit-déjeuner, Lola rêvait de Mehdi. Elle s'est demandé: «Pense-t-il aussi à moi?»

1. Ce matin, en arrivant à l'école, Lola a rencontré Mehdi.

   _____

   _____

2. Elle est devenue rouge comme une tomate. Il lui a dit en riant:

   _____

3. «On dirait que tu es amoureuse!» Elle s'est demandé: «Comment est-ce que Mehdi sait que je suis amoureuse?»

   _____

   _____

   En cours, le professeur de français s'est mis en colère: «Lola, tu as l'air de rêver!

4. En écoutant bien le professeur, tu auras de meilleures notes.»

   _____

   _____

5. Pendant la récréation, Anita a demandé à Lola: «Pourquoi est-ce que le prof était en colère?

   _____

6. Est-ce que tes parents lui ont téléphoné?»

   _____

   Lola a répondu: «Non, pas du tout. Mais j'ai un secret: je suis amoureuse.»

7. Le soir, Lola s'est dit: «Demain, en sortant de l'école, je dirai à Mehdi que je l'aime.»

   _____

   _____

---

**95** **Dans la banlieue de Paris**  → Relativpronomen, Personalpronomen, „ce qui", „ce que", „en" und „y",
BG §§ 62, 66, 70–74, OG §§ 54–68

*Complétez les phrases avec un pronom relatif (●), un pronom personnel ou objet (■), en ou y (▲)*

A Aulnay-sous-Bois, une banlieue de Paris.

Un jour, j'ai entendu quelqu'un crier très fort dans la rue. C'était une mère _____ ● le fils venait d'avoir

un accident de moto. Une voiture avait renversé *(überfahren)* son fils de 18 ans _____ ● marchait

tranquillement. Le soir, tous les habitants du quartier _____ ▲ parlaient. _____ ●

m'avait fait peur, c'est qu'il s'agissait de mon meilleur ami, Mehdi.

# Horizons

# Exercices mixtes et révisions

Mehdi, je _____ ■ connais depuis l'âge de trois ans. Il va chaque été au Maroc _____ ● il est né.

Il a beaucoup d'amis. Il aime parler avec _____ ■, _____ ■ aider et _____ ■

expliquer des choses. _____ ● j'aime aussi en lui, c'est la façon _____ ●

il s'habille, son sourire, sa gentillesse.

Je suis allé le voir à l'hôpital, _____ ● lui a fait très plaisir. Ses amis _____ ▲

étaient aussi. Pour un jeune, l'hôpital, ce n'était pas drôle, mais sa chambre, c'était le grand luxe! Le lit, en face

_____ ● il y avait la télé et sur _____ ● il était allongé était entièrement

neuf, comme le bâtiment dans _____ ● se trouvait sa chambre. En regardant autour

de nous, nous pouvions constater que cet hôpital était vraiment très moderne. Mehdi s'_____ ▲ sentait déjà

bien. Pour _____ ■ amuser, ses amis et moi, nous _____ ■ avons raconté des histoires

drôles. Au bout de deux heures, ses copains sont rentrés chez _____ ■, et moi, je suis resté avec

_____ ■ jusqu'à la nuit.

---

**96** **Le voisin du dessus** → Verben mit Infinitivergänzung, mit direktem/indirektem Objektpronomen, „en" und „y",
BG §§ 63–66, 81–82, OG §§ 54–57, 72–73

*Formez des phrases en conjuguant les verbes et en ajoutant la bonne préposition si nécessaire.*
*Remplacez les parties soulignées par un pronom objet ou par «y»/«en».*

*Exemple:* Daniel/ne pas arriver, *Futur simple*/rencontrer le président. → Daniel n'arrivera pas **à le** rencontrer.

1. Elle/préférer/commenter <u>les décisions des hommes politiques</u>.          Présent

   → _____

2. Ils/ne pas pouvoir/goûter <u>à nos bonnes crêpes</u>.          Futur simple

   → _____

3. Tu/espérer/rendre visite <u>à tes grands-parents</u> demain?          Présent

   → _____

4. Tu/ne pas aimer/faire <u>de la publicité pour une grande marque</u>?          Conditionnel I

   → _____

5. Audrey/venir à la mer/profiter <u>du bon air</u>.          Futur composé

   → _____

6. Juliette/aider son voisin du dessus/acheter <u>cette nouvelle voiture</u>.          Passé composé

   → _____

7. Je/essayer/demander mon chemin en français <u>à cette dame</u>.          Futur composé

   → _____

8. Nous/ne pas encore commencer/discuter <u>des prix</u> avec notre fournisseur.          Passé composé

   → _____

67

# Exercices mixtes et révisions                                        Horizons

**97** **Discussion chez les profs**   → Das direkte/indirekte Objektpronomen bei „laisser faire"/"faire faire",
BG §§ 63, 64, OG §§ 60

*Discussions dans la salle des professeurs. Complétez les phrases en remplaçant les parties soulignées*
*par des pronoms objets.*

1. Quel auteur allez-vous faire lire <u>à vos élèves</u>?

   Quel auteur allez-vous _____ lire?

2. Je ferai visiter <u>le musée de l'homme à la classe 10 A</u>.

   Je _____ visiter.

3. Le proviseur fait entrer <u>les élèves</u> dans son bureau.

   Il _____ entrer.

4. Les parents peuvent laisser voir <u>ce film à leurs enfants</u>.

   Les parents peuvent _____ voir.

5. La liberté, ça ne signifie pas qu'il faut laisser faire <u>aux hommes</u> ce qu'ils veulent.

   La liberté, ça ne signifie pas qu'il faut _____ faire ce qu'ils veulent.

6. Fais décrire <u>cette image à tes élèves</u>.

   _____ décrire.

7. Je laisse <u>mes élèves</u> sortir dans la cour quand il pleut.

   Je _____ sortir dans la cour quand il pleut.

**98** **Une famille de globe-trotters**   → Präpositionen bei Ländernamen, Nationalitätsbezeichnungen, BG § 60

*Complétez les phrases avec les bonnes prépositions et trouvez le nom des habitants d'après le contexte.*

1. Mes grands-parents sont nés à New York et vivent encore _____ Etats-Unis : ce sont des

   _____ . Au XIXᵉ siècle, leurs propres grands-parents étaient partis _____ Espagne

   ou _____ Portugal pour venir s'installer _____ Etats-Unis.

2. Mes grands-parents viennent souvent _____ France pour nous rendre visite. Ils aiment aller _____

   Bretagne et _____ Alsace, mais ils voyagent aussi partout _____ Europe. Ils aiment l'Europe et ses

   habitants, les _____ . Mais ils ne vont jamais dans les pays du Nord, par exemple

   _____ Danemark, car ils n'aiment pas le froid.

3. Nous, nous passons nos vacances _____ Autriche, _____ Suisse, _____ Luxembourg et parfois

   _____ Allemagne, là où il y a de la bonne bière. Mon père adore aller là-bas, il dit toujours: «Ils sont drôles,

   ces _____ ! Ils aiment la bière!» Mais nous aimons aussi faire des voyages en bateau. Nous

   partons par exemple _____ France pour aller _____ Espagne. Là-bas, nous rendons visite à nos amis

   _____ . Ensuite, nous partons d'Espagne pour aller juste à côté, _____ Portugal. Puis nous

   repartons _____ Portugal pour aller _____ Afrique, par exemple _____ Maroc. Puis, nous partons

   _____ Afrique et nous allons _____ Corse ou _____ Italie. Comme ça, nous découvrons des paysages

   très différents. Quelle chance, n'est-ce pas?

# Horizons

# Exercices mixtes et révisions

**99** **A 100 %!** → Ordnungs-, Bruch-, Prozent-, Grundzahlen, BG §§ 12 – 15, OG §§ 12 – 16

**a** *Traduisez. Ecrivez les chiffres en chiffres, puis en toutes lettres.*

| 1. Der 1. Januar | le 1ᵉʳ janvier | le premier janvier |
|---|---|---|
| 2. Am 19. Februar | _____ | _____ |
| 3. Ludwig, der Sechzehnte | _____ | _____ |
| 4. Napoléon der Dritte | _____ | _____ |
| 5. Den neunten Platz | _____ | _____ |
| 6. Ihr fünftes Buch | _____ | _____ |
| 7. Das 21. Jahrhundert | _____ | _____ |
| 8. In der 15. Etage | _____ | _____ |

**b** *Voilà le résultat d'un sondage dans une école dans la banlieue de Paris. Cochez la bonne réponse.*

75 % der Schüler:
- ☐ Le tiers des élèves
- ☐ Les trois quarts des élèves    ne respectent pas la police.
- ☐ Les quatre tiers des élèves

Jedes zweite Kind:
- ☐ La demie des enfants
- ☐ La moitié des enfants    a déjà reçu des menaces à l'école.
- ☐ La plupart des enfants

40 % der Schüler:
- ☐ Quatre élèves sur dix
- ☐ Quatre sur dix élèves    ont déjà été victimes d'un acte de violence.
- ☐ Quatre de dix élèves

9 von 10 Lehrern:
- ☐ Quatre-vingt-dix pour cents des professeurs
- ☐ Neuf des dix professeurs    sont d'avis qu'il faut aider les élèves.
- ☐ Quatre-vingt-dix pour cent de professeurs

Neun zehntel der Schüler
- ☐ Les neuf dixième d'élèves
- ☐ Les neuf dixièmes d'élèves    sont d'origine étrangère.
- ☐ Les neuf dixièmes des élèves

Ein zehntel der Schüler
- ☐ La majorité des élèves
- ☐ Dix pour cent des élèves    sont d'origine française.
- ☐ Une dizaine d'élèves

*C'est vraiment trop facile!*

# Lösungen

## 1 Chantez en travaillant!

1. en étant 2. en se produisant 3. en décrivant 4. en s'asseyant
5. en apprenant 6. en fuyant 7. en interdisant 8. en faisant
9. en finissant 10. en croyant 11. en paraissant 12. en suffisant
13. en déplaçant 14. en rangeant 15. en ayant 16. en éteignant
17. en plaisant 18. en sentant 19. en revoyant 20. en naissant

## 2 Sébastien est amoureux

1. Sébastien pensait déjà à Juliette *en se réveillant*.
2. Et maintenant, *en prenant* son petit-déjeuner, il pense encore à elle. 3. Il sort de la maison *en rêvant* de Julie. 4. *Umformung nicht möglich, da keine Subjektgleichheit.* 5. Et ce matin, *en la voyant* sur la plage, il comprend qu'il est amoureux d'elle.
6. Il pense: «Je peux essayer de l'intéresser *en l'invitant* au cinéma.» 7. Tu me ferais vraiment plaisir *en y allant* avec moi.
8. Il répond: «Pourquoi pas?» *en devenant* rouge comme une tomate.

## 3 Ça lui fera plaisir ...

1. Si tu lui envoies ces photos, tu lui feras plaisir (C). 2. Ferme bien la porte quand tu quitteras la maison (T). 3. Si elle était partie plus tôt, elle n'aurait pas raté son train (C). 4. Je peux très bien travailler et écouter de la musique en même temps / pendant que j'écoute de la musique (T). 5. J'ai perdu 5 kilos comme ça / de la façon suivante / de cette façon: j'ai fait plus de sport (M). 6. Mon frère a eu un accident comme ça: il a roulé trop vite (M).

## 4 Se parler pour mieux se connaître

1. Moi, je ne peux rien faire sans avoir pris un bon petit-déjeuner. 2. Et surtout, j'ai besoin de café pour ne pas m'endormir
3. Moi, je dois faire très attention en classe pour tout comprendre. 4. Et après être restée assise toute la journée, j'ai besoin ... 5. J'écoute de la musique pour retrouver mon calme. 6. ... On peut écouter de la musique avant d'aller au cinéma.

## 5 On peut y arriver sans faire de fautes

1. après y avoir mangé une pizza. 2. pour ne pas l'oublier.
3. sans les avoir vus. 4. avant de lui parler. 5. pour ne réveiller personne. 6. sans rien dire. 7. avant d'en acheter un autre.
8. après s'être baignée.

## 6 Tout compris?

1. Après s'être promenés sur la jetée, Juliette et Sébastien ont discuté en buvant un coca. 2. Avant de lui dire au revoir, il l'a regardée en souriant. 3. Quand elle s'est levée pour partir, il lui a demandé son numéro de portable. 4. Après avoir longtemps cherché son stylo, elle a pris la main de Sébastien pour y écrire le numéro. 5. Puis elle a caressé son bras en disant «apprends-le par cœur» avant de te laver. 6. Et elle est partie (en courant), sans se retourner. 7. Pendant qu'elle s'éloigne, Sébastien la regarde en pensant : «Je dois absolument la revoir avant de quitter Cancale. Ce soir, je vais lui téléphoner pour l'inviter au cinéma.»

## 7 Il faudrait que vous remplissiez cette grille

| | | | |
|---|---|---|---|
| 1. | ils ont | que j'aie | nous aurions |
| 2. | tu enlèves | que nous enlevions | ils enlèveraient |
| 3. | nous craignons | qu'il craigne | vous craindriez |
| 4. | nous sommes | que vous soyez | elles seraient |
| 5. | elle vient | que je vienne | vous viendriez |
| 6. | vous faites | que tu fasses | on ferait |
| 7. | ils boivent | que vous buviez | nous boirions |
| 8. | je peux | que nous puissions | vous pourriez |
| 9. | tu vas | que j'aille | elle irait |
| 10. | nous voyons | qu'elles voient | tu verrais |
| 11. | elles veulent | que je veuille | nous voudrions |
| 12. | il préfère | que vous préfériez | nous préférerions |

## 8 Ce serait bien que vous compreniez

1. Je crains que nous arrivions en retard. 2. Je crois que tu devrais lui écrire pour t'excuser. 3. Cet été, mes parents ont très envie de visiter Cuba. 4. Je préférerais / préférerais qu'on prenne ta voiture pour aller à la fête. 5. J'espère que vous reviendrez nous voir bientôt. 6. Je trouve que Juliette est très sympa. 7. Je déteste danser. 8. Il est très malheureux que sa copine ne veuille plus lui parler.

## 9 On ne devient pas une star sans travailler

*Avant d'être* dans le groupe de Nathan, je zonais du matin au soir. Il m'a accepté *sans que je sache* chanter ni danser, et depuis que *j'apprends* la musique avec lui, j'ai fait du chemin. Il faut dire qu'on travaille dur: pas de mercredi, pas de vacances sans que nous *ayons* des répétitions. On y vient toujours, parce qu'on *sait* qu'on doit s'entraîner sérieusement *pour devenir* vraiment bons.
Moi, comme ma voix *n'est pas* super, j'apprends surtout à danser avec Christelle. C'est elle qui est notre prof de danse, pendant que Nathan *apprend* à chanter aux autres. Parfois, on danse jusqu'à ce que nos jambes *soient* dures comme du béton. Christelle est très stricte. Elle dit toujours: «Vous ne deviendrez pas des stars *sans travailler*.» Nous savons qu'elle a raison: pour que le spectacle *soit* réussi, nous devons nous entraîner beaucoup, bien que *ce soit* très dur. C'est parce que nous *faisons* ces efforts que nous avons du succès. En tous cas, *avant que je rencontre* Nathan, ma vie était plutôt nulle. Depuis que je le *connais*, je sais pourquoi je vis. Il est comme un grand frère pour moi.

## 10 Je ne trouve pas que ça soit trop difficile

1. Oui, je suis sûr qu'il sait parler italien. / Non, je ne suis pas sûr qu'il sache parler italien. 2. Oui, nous sommes contents que notre fils aille travailler à Dakar. / Non, nous ne sommes pas contents que notre fils aille travailler à Dakar. 3. Je pense qu'on peut faire cette excursion en 3 heures. / Je ne pense pas qu'on puisse faire cette excursion en 3 heures. 4. Oui, il est possible qu'elle devienne une star. / Non, il est impossible qu'elle devienne une star.

# Lösungen

## 11 Laissez-moi faire ce que je veux

1. je suis sûr qu'il nous *laissera / laisse* entrer sans nous *faire* payer. 2. mes parents m'ont *fait* apprendre le piano 3. j'aimerais bien que vous me *laissiez* dormir. 4. certains profs nous *font* faire des exos – nous *laissent* faire ce qu'on veut. – 5. ne nous a pas *fait* rire 6. ne veulent pas me *laisser* partir

## 12 Pour vous faire réfléchir un peu

1. Nous les avons fait venir pour leur faire une surprise. 2. Ils ne veulent pas me laisser partir en vacances. 3. Il faudrait leur faire ranger leurs affaires. 4. L'histoire que tu as racontée ne nous a pas fait rire. 5. Faites-lui faire ses devoirs avant de la laisser sortir. 6. J'aimerais lui faire comprendre que je ne veux plus le voir.

## 13 Tout compris?

**a** Non, vraiment, ça ne nous plaît pas que *tu sois* amoureux de cette fille. Toi, tu aimerais que *nous soyons* gentils avec elle, mais je crois qu'*elle ne fait* rien pour que nous l'aimions. Elle arrive sans *dire* bonjour et ne dit jamais au revoir. Je ne pense pas que *nous soyons* méchants, mais il faut que *tu saches* une chose: tout allait mieux avant que *tu la connaisses*.
**b** 1. Elle ne peut pas aller au concert, ses parents ne la laissent pas sortir le soir. 2. Leur prof leur a fait traduire un texte très difficile. 3. Tu ne réussis pas à faire cet exercice? Laisse-moi t'aider. 4. Comme les élèves avaient fait des bêtises, le proviseur les a fait venir dans son bureau.

## 14 C'est celui-là que je préfère

ces chaussures! – c'est celles que – ce séjour –Je ne comprends pas ceux qui disent – tu vois cette grande maison, là? C'est celle où / dans laquelle j'habitais. – ces gens sur ces deux photos? – Sur celle-ci / celle-là, – celle que je préfère, c'est celle-ci / celle-là: c'est celle où / celle sur laquelle – Sauf celui qui a pris la photo – c'est celui avec qui / avec lequel – Et ces deux beaux mecs – ceux qui avaient – Celui qui a – c'est Julien, celui dont – celui que – de cet arbre? – ce bel arbre, c'est celui où / celui sur lequel

## 15 Qui l'aurait cru?

1. vous aurez – elles auraient – tu aurais eu 2. tu recevras – je recevrais – nous aurions reçu 3. elles marcheront – tu marcherais – vous auriez marché 4. je reviendrai – nous reviendrions – elle serait revenue 5. vous serez – on serait – vous auriez été 6. tu t'assiéras – vous vous assiériez – je me serais assis,e 7. ils croiront – je croirais – nous aurions cru 8. vous pourrez – tu pourrais – on aurait pu 9. je vivrai – ils vivraient – tu aurais vécu 10. elles repartiront – nous repartirions – ils seraient repartis 11. vous saurez – je saurais – il aurait su 12. je m'en irai – vous vous en iriez – elles s'en seraient allées

## 16 Si j'avais gagné un million ...

1. Elle aurait été très heureuse si nous l'avions invitée à la fête. 2. Si j'avais gagné un million, je t'aurais offert une belle voiture. 3. S'il n'avait pas plu, nous aurions pu aller faire un pique-nique. 4. A ta place, je serais parti(e) sans attendre. 5. Si vous étiez passé(e,s,es) par Dijon, vous seriez arrivé(e,s,es) à l'heure.

6. Si vous vous étiez entraîné (e, s, es) plus souvent, vous auriez nagé plus vite. 7. Si tu t'étais couché(e) plus tôt, tu ne te serais pas endormi(e) pendant le cours. 8. Si j'avais connu son adresse, je lui aurais envoyé une carte postale.

## 17 Qu'est-ce qui serait arrivé?

1. Si elle avait fait attention, elle ne serait pas tombée. 2. Si vous ne les aviez pas énervées, elles ne seraient pas parties. 3. Si tu nous avais téléphoné, nous serions allé(e,s) te chercher à la gare. 4. Si je m'étais réveillé(e) plus tôt, je ne serais pas arrivé(e) en retard. 5. Si elles avaient été chez elles, nous leur aurions sûrement rendu visite. 6. Si nous ne nous étions pas disputé(e)s, elle serait restée avec moi. 7. Si je n'avais pas perdu mon porte-monnaie, j'aurais pris des billets pour le concert. 8. Si cette voiture n'avait pas coûté aussi cher, je l'aurais achetée.

## 18 Qu'est-ce qu'il a dit?

1. Le juge a expliqué aux jeunes qu'ils devraient faire des TIG pendant un mois. 2. Il a ajouté que c'était leur dernière chance avant la prison. 3. David a demandé à Amar s'il pourrait emmener son pit-bull. 4. Les habitants du village ont dit à Mme le Maire qu'elle n'aurait pas dû inviter ces jeunes. 5. Ils lui ont demandé si elle n'avait pas peur qu'ils cassent tout. 6. Anaïs a expliqué à Bouba que le lendemain, il faudrait qu'il vienne l'aider. 7. Le vieux paysan a demandé à Assane où il était, la veille. Il a ajouté qu'il l'avait attendu toute la journée. 8. Amar a voulu savoir pourquoi Luigi avait chanté le coran sur le clocher de l'Eglise. 9. Bébert a dit à Jean-Rachid et à David qu'ils étaient là pour travailler et qu'ils devraient arrêter de discuter. 10. Jean-Rachid a avoué à David que s'il avait su que Bébert les énerverait, il aurait choisi un autre chantier.

## 19 Des pronoms que vous connaissez déjà ...

1. Paris est la ville **qui** me plaît le plus. 2. Je te montrerai le village **où** je rêve de vivre. 3. C'est une machine **avec laquelle** on travaille dans les champs. 4. Voilà Bouba, le garçon **dont** Anaïs est amoureuse. 5. Jean-Rachid doit nettoyer le terrain de foot **sur lequel** l'herbe est très haute. 6. David pense à son pit-bull **qu'**il n'a pas pu emmener. 7. Madame le Maire voudrait savoir **ce qui** intéresse les jeunes. 8. Les jeunes ont des problèmes **auxquels** ils ne veulent pas penser.

## 20 Tout compris?

**a** 1. S'ils n'avaient pas fait de bêtises, ils n'auraient pas eu de problèmes avec la police. 2. Si elle ne s'était pas sentie mal / Si elle s'était sentie bien, elle ne serait pas partie. 3. Si le prof avait bien expliqué la leçon, nous aurions tout compris. 4. Si je ne l'avais pas trouvée sympa, je ne l'aurais pas invitée au restaurant.
**b** 1. *cet* acteur? C'est *celui dont* 2. *Ces* deux jupes – si je préfère *celle-ci / celle-là* ou *celle-là / celle-ci*. 3. *ceux que* j'écoute – *ceux qui* plaisent 4. Tu vois *cette* école? C'est *celle où*
**c** elle n'*avait* pas l'air en bonne santé – si elle *se sentait* bien. – elle *avait été* malade la veille, mais elle a ajouté qu'elle *avait dormi* 12 heures, et qu'elle *se sentait* déjà mieux. Elle pensait qu'elle *serait* en forme – que j'*aimerais* bien aller – quand elle en *aurait* envie. Elle a répondu qu'on *pourrait* y aller samedi. Elle a proposé qu'on *aille* – que je l'*avais* déjà *vu* – qu'elle ne *veuille* plus

71

# Lösungen

## 21 Mettez-les dans le bon ordre!

1. je ne les ai pas encore écoutés. 2. nous y sommes déjà allés quatre fois. 3. il a oublié de lui demander son adresse. 4. nous allons sûrement en avoir besoin. 5. nous n'avons pas réussi à nous comprendre. 6. Ne leur disons pas où nous allons. 7. personne n'a pu me dire ce qui s'était passé. 8. pensez à en laisser un peu pour votre frère! 9. nous nous y sommes promenés hier matin. 10. Je lui ai promis de l'aider à faire ses devoirs.

## 22 Je te l'avais bien dit!

1.
– Oui, je **leur en** ai parlé hier … Ils **me l'**ont dit.
– … je vais **te les** présenter.
– Quoi? Ils ont vu ces photos?
– Bien sûr, je **les leur** ai montrées.
– … que mon père voudra bien **m'y** accompagner.
2.
– Euh … pas encore, mais il va **y en** avoir un…
– Et qui est-ce qui t'oblige à **la leur** montrer?
– … que je **le lui** dise tout de suite… par **s'en** apercevoir.
– Oui, ils **me l'**ont promis… et ça, je **le leur** ai promis aussi.
3.
– je **le leur** raconterai après le week-end…
– s'il **t'en** faudrait un. Mais je vais **m'en** occuper tout de suite… de **me l'**offrir… et je **la lui** ai montrée.

## 23 Des problèmes? Il n'y en a pas.

1. Bien sûr, je leur en ai envoyé une hier. 2. Mais oui, nous le lui avons / je le lui ai souvent expliqué. 3. Si, il le leur a déjà dit. 4. Non, il n'y en a presque pas. 5. Non, je ne crois pas qu'il les y ait invitées. 6. Oui, il la leur a présentée ce matin.

## 24 Ne vous en faites pas!

1. ne lui en donne / donnez pas 2. expliquez-la-nous 3. dites-le-leur 4. ne les lui montre pas 5. ne leur en parlons / parlez pas. 6. Laisse m'en 7. ne le lui dites pas 8. fais-le-moi savoir. 9. Envoie / Envoyez-la-lui 10. ne les y oubliez pas.

## 25 Ce n'est pas ma faute, c'est la tienne!

1. ces CD / ce sont les tiens? / les miens. / ceux de mon frère / ses affaires. 2. La mienne / la sienne. / cette voiture / celle de mon fils. / ses clés 3. leur chien. / ce petit chien / le leur, c'est celui de / le nôtre / notre chien / ces vidéos / les vôtres. / les nôtres. / nos vidéos / les miennes 5. leurs trois enfants. / que mes enfants / avec les leurs. / leur voisine détestait leurs enfants / avec le(s) sien(s)

## 26 Tout compris?

**a** 1. Il avait du chocolat, mais il ne m'en a pas donné. 2. Nous connaissons cette histoire, tu nous l'as déjà racontée. 3. Est-ce que tu vas / Tu vas chez Nicolas? Attends, je vais t'y accompagner. 4. Ils n'ont pas encore vu tes photos, tu devrais les leur montrer. 5. Si elle veut des renseignements, nous pouvons lui en donner. 6. Qu'est-ce que vous avez fait? Dites-le-moi, s'il vous plaît.
**b** 1. Oui, c'est bien *la leur*. 2. Non, *les miennes*, je les achète toujours dans l'autre magasin. 3. Ce sont *les nôtres*, nous

n'avons pas eu le temps de les ranger. 4. Oui, mais je ne savais pas que c'était *la vôtre*. 5. *le leur* est magnifique. 6. Ce ne sont pas *les miens*.

## 27 Es-tu curieux?

1. à quoi penses-tu avec plaisir? 2. laquelle aimerais-tu rencontrer? 3. dans lequel voudrais / aimerais-tu (aller) vivre? 4. Auquel t'intéresses-tu? 5. Pour lequel te décides-tu? 6. de quoi aimes-tu parler? 7. Avec lesquels vas-tu passer ta journée?

## 28 Madame Irma connaît votre avenir

– Je suis Madame Irma, la femme *à qui / à laquelle* vous pouvez tout demander. / *celles* que vous voulez.
– *Quelle* main?
– Vous voyez *quoi*?
– Vous allez retrouver deux personnes *auxquelles* vous … des nouvelles *qui* vont changer votre vie.
– Des nouvelles? *Lesquelles*?
– Ça, c'est une chose *dont / de laquelle* je ne peux pas vous parler.
– *Quoi*? Je pense que vous dites n'importe *quoi*.
– Demandez-moi autre chose *que* vous aimeriez savoir, et vous verrez.
– J'ai passé le mois de mai dans une ville étrangère, *dans laquelle*? J'y ai travaillé pour une grande entreprise, *pour laquelle*? J'y ai participé à des travaux importants, *auxquels*?
– Comment voulez-vous que je vous dise dans *quelle* ville vous avez passé le mois de mai?

## 29 Pas si simple

1. ils / elles burent → ils / elles ont bu 2. vous écrivîtes → vous avez écrit 3. il / elle lut → il / elle a lu 4. ils / elles partirent → ils / elles sont parti(e)s 5. je / tu pris → j'ai pris / tu as pris 6. nous rêvâmes → nous avons rêvé 7. tu entras → tu es entré(e) 8. il / elle reconnut → il / elle a reconnu 9. vous crûtes → vous avez crû 10. nous mîmes → nous avons mis 11. ils / elles allèrent. ils / elles sont allé(e)s 12. ils purent → ils ont pu.

## 30 Le jour où Nathan disparut …

vinrent – racontèrent – montrèrent – discutâmes – passâmes – voulurent – appelèrent – descendirent – répondit – demanda – dirent – réfléchit – put – appelâmes – essaya – allai – eut – vit – expliquâmes – promit
La dernière fois que nos amis *sont venu*s nous voir, ils nous *ont raconté* leurs vacances au Sénégal et nous *ont montré* les photos qu'ils y avaient faites. Nous *avons discuté* longuement et nous *avons passé* une très bonne soirée… jusqu'au moment où ils *ont voulu* repartir, vers minuit. Ils *ont appelé* leurs enfants qui jouaient dans la chambre avec les nôtres. Patrick et Nicolas *sont descendus* tout de suite, mais le petit Nathan *n'a pas répondu*. Quand leur mère leur *a demandé* où il était, ses frères *ont dit* qu'ils n'en savaient rien. Tout le monde *a réfléchi*, mais personne *n'a pu* se rappeler quand il avait vu Nathan. Nous *l'avons appelé* et chacun *a essayé* de le retrouver. Pendant que les autres le cherchaient dans la maison et dans le jardin, je *suis allé(e)* voir dans la rue… Impossible de trouver Nathan! Heureusement, Nicolas *a eu* la bonne idée de regarder dans la voiture de ses parents. Il y *a vu* son petit frère qui jouait «à conduire un camion». Nous lui *avons expliqué* que nous avions eu très peur et il nous *a promis* de ne plus partir sans dire où il allait.

# Lösungen

## 31 Rencontre avec un pauvre type

Mon *cher* Julien, – une histoire *vraie* – le mois *dernier* – une *belle* ville avec des maisons *anciennes* – dans les *vieux* quartiers du centre – mon *seul* jour – un *vrai* esclavage – sur une *grande* place j'ai entendu quelqu'un qui m'appelait. – près d'un groupe de touristes *italiens*, un *pauvre* type – avec une bouteille *vide* – un *ancien* camarade – un *bon* copain – des vêtements *propres*, à la *dernière* mode, et des chaussures *chères*. – une *jolie* maison – sa *propre* télé. – un garçon *sympa*. – son *dernier* emploi – un homme *pauvre*, et aussi un homme *seul*. Il n'a plus un *seul* ami. – un *bon* restaurant, et j'ai écouté sa *triste* histoire. – un *certain* sourire – un signe *certain* – une histoire *gaie* – mon *meilleur* ami. Grosses bises à toute ta *petite* famille.

## 32 Ça ne me fait ni chaud ni froid

1. J'espérais aller au cinéma avec mes copains, mais **ni** Christophe **ni** Damien **n'**en avaient envie. Et quand j'ai demandé à Mélanie, elle **n'**a pas voulu y aller **non plus**. 2. Je **ne** sais **pas encore** ce que nous allons faire ce week-end, mais ce qui est sûr, c'est que je **ne** veux **ni** rester à la maison **ni** aller chez ma tante. 3. **Personne ne** sait ce qu'il est devenu: on **ne** le voit **plus**, et il **ne** répond **ni** aux SMS **ni** aux e-mails qu'on lui envoie. 4. Je **n'**ai eu **aucun** plaisir à voir ce film. **Ni** les acteurs **ni** l'histoire **ne** m'ont plu. 5. Je vais te dire ce qui **ne** me plaît **pas du tout**: tu **ne** penses **qu'**à toi, tu **ne** t'intéresses **jamais** aux problèmes des autres. 6. Je **n'**aime **pas** cette ville. Je **n'**y ai **ni** amis **ni** parents, je **n'**y connais **personne**.

## 33 Tout compris?

**a** 1. Auxquelles – Lesquelles – De laquelle 2. Lesquels – Duquel – Dans lequel – 3. A quoi – Laquelle – Sur laquelle / lesquelles

**b** 1. Je n'ai visité ni le Mali ni le Sénégal. 2. Personne n'a aimé ce film. 3. Ni mon frère ni ma sœur ne savent parler anglais. 4. Je n'ai écrit ni à mes grands-parents ni à ma tante. 5. Il n'a su faire aucun exercice.

**c** 1. L'année dernière, j'ai acheté une maison ancienne. 2. Je vous présente mon cher ami Thomas, un ancien prof(esseur) de maths / mathématiques. 3. Allez à l'hôtel Terminus, c'est le seul hôtel où vous trouverez des chambres propres. 4. Il vient d'une famille pauvre. Mais maintenant, il est riche. Il a sa propre entreprise.

## 34 En Guadeloupe, on parle français

1. Dans les journaux, on parle beaucoup de la pollution. Mais on ne fait pas assez d'efforts pour trouver des solutions à ce problème. 2. On m'a raconté qu'elle était très malade. / – Ah bon? Ça ne se voit pas. 3. On l'a souvent critiqué, mais aujourd'hui, ses tableaux se vendent très cher. 4. Un jour, il avait disparu, et on ne l'a jamais revu. On dit qu'il vit maintenant en Amérique. 5. Tu as fait une faute: «Württemberg» (ça) s'écrit avec deux -t-. / – Non, en français, on l'écrit / ça s'écrit avec un seul -t. 6. En France, on ne fume plus dans les restaurants. Ainsi / Comme ça, on ne gêne pas les autres clients.

## 35 Combien d'exercices as-tu faits?

1. Quelle émission as-tu regardée / est-ce que tu as regardée hier soir? 2. Combien de photos as-tu prises / est-ce que tu as prises pendant le concert? 3. Quels musées avez-vous visités / est-ce que vous avez visités à Paris? 4. Combien d'élèves ont écouté les explications du prof? 5. Quelles langues avez-vous apprises / est-ce que vous avez apprises à l'école? 6. Quelle équipe a gagné le match?

## 36 Au voleur!

que vous avez *vécue*.
qui m'avait *téléphoné* – j'ai *entendu* la porte qu'ils ont *poussée*
Combien de personnes ont *attaqué*
tout de suite *allé* vers la caisse qu'il m'a *obligée* – les autres ont *pris*
Combien de caméras ont-ils *pris*?
que j'avais *posés*
où les ont-ils *mises*?
qu'ils avaient *apportés*.
Quels détails avez-vous *remarqués*?
qu'ils avaient *cachés* – qui l'a *appelée* Julie.- qu'ils ont *perdue* en fuyant.
J'ai *vu* la voiture qu'ils ont *prise*
que vous nous avez *donnés*

## 37 Sortez vos cahiers et écrivez!

1. est entrée – ont sorti 2. a descendu – est allée 3. sont sortis – n'était pas encore rentrée 4. sont revenus – ont monté 5. ont sorti – sont rentrés 6. sommes montés / montées – sommes descendus / descendues 7. avons rentré – avons descendues 8. est montée – est tombée.

## 38 C'est toujours moi qui dois travailler

1. C'est moi qui ai écrit ce texte / l'ai écrit. 2. c'est à 19 heures que le film commence / qu'il commence. 3. c'est mon mari et moi qui allons peindre la chambre / qui allons la peindre. 4. c'est mes frères qui ont utilisé l'ordinateur / l'ont utilisé. 5. c'est à la station «Louvre» qu'on doit descendre. 6. ce sont Martine et David qui vont faire les courses. 7. C'est à Marseille que nous nous sommes connus.

## 39 Tout compris?

**a** 1. En Angleterre, on conduit à gauche. 2. Regarde, il entre dans l'église en roller. Ça ne se fait pas. 3. Ce dessert se mange froid. 4. On m'a raconté que Christophe avait perdu son chien.
**b** 1. chantées 2. regardé 3. invités 4. révisé
**c** 1 – d, 2 – a, 3 – g, 4 – h, 5 – f, 6 – c, 7 – e, 8 – b
**d** 1. C'est elle qui l'a aidé. 2. C'est à elle que j'ai donné mon adresse. 3. C'est à 8 heures que nous sommes sortis. 4. Ce n'est pas moi qui ai dit ça. 5. C'est vous qui allez avoir des problèmes. 6. C'est pour le test que nous révisons.

## 40 Les jeunes ont été interrogés

1. J'aimerais que cette porte soit fermée la nuit. 2. Le proviseur est respecté par tous les élèves. 3. L'Amérique a été découverte par Christophe Colomb. 4. Tous les murs de la pièce étaient couverts de dessins. 5. J'étais sûre que tu serais bien soigné/e dans cet hôpital. 6. Elle ne sait pas encore si elle va être invitée par Laurent. 7. Le rôle du flic sera joué par Gérard Depardieu. 8. Je ne crois pas qu'elle ait été beaucoup aidée par ses parents.

# Lösungen

## 41 Des ours et des hommes

1. C'est un chasseur qui a tué l'ourse Cannelle. / L'ourse Cannelle a été tuée par un chasseur. 2. Un bébé ours de 10 mois l'accompagnait. / Elle était accompagnée d'un bébé ours de 10 mois. 3. Ils ont peur que les ours attaquent leurs moutons. / Ils ont peur que leurs moutons soient attaqués par les ours. 4. Il ne réalisera pas son projet. / Son projet ne sera pas réalisé. 5. (Ce sont) les écologistes (qui) organisent les manifestations pour le retour des ours en France. / Les manifestations pour le retour des ours en France sont organisées par les écologistes.

## 42 Un étudiant parlant allemand

1. Comme il croyait qu'elle était anglaise, il lui a dit «good morning». 2. Je lis un livre qui raconte l'histoire de Jean Mermoz. 3. Comme il a fait des études d'ingénieur, il trouve du travail facilement. 4. Quand il a compris qu'elle ne viendrait pas, il a quitté le restaurant. 5. Il y avait là des touristes qui prenaient des photos. 6. J'ai vu le voleur qui sortait / quand il est sorti du magasin. 7. Comme je veux apprendre la musique, j'ai acheté un accordéon. 8. Je n'ai jamais rencontré une fille qui dansait / danse mieux qu'elle.

## 43 Vous vous êtes exercés?

1. Sa femme s'est toujours trop maquillée. 2. Quand les deux amies se sont quittées, elles se sont promis de se revoir bientôt. 3. Cette année, mes parents se sont offert un voyage en Guadeloupe. 4. Victor et son amie se sont assis sur le banc et se sont partagé un sandwich. 5. L'assiette s'est cassée en tombant par terre. 6. Quand nous nous sommes baladés(e), nous nous sommes parlé longuement. 7. Accident: une petite fille s'est cachée et est tombée d'un arbre. 8. Quand elle s'est couchée, elle s'est endormie tout de suite.

## 44 Tout compris?

**a** 1. Des recherches ont été organisées par la police. 2. Mais les deux hommes n'ont pas encore pu être retrouvés. 3. Les gens qui ont remarqué quelque chose sont priés de téléphoner à la police. 4. Avec l'aide de la population, il est possible que les voleurs soient bientôt arrêtés. 5. 200 euros sont / seront offerts à celui qui permettra de retrouver son sac.
**b** Jeune fille, 15 ans, aimant les enfants, souhaite faire du baby-sitting dans une famille habitant Aubervilliers. 2. Lycéen voulant apprendre le piano mais n'ayant pas beaucoup d'argent, cherche instrument ne coûtant pas trop cher. 3. Ayant perdu mon portable dans le métro, j'offre 50 euros pour tout renseignement me permettant de le retrouver.
**c** 1 – c, 2 – e, 3 – b, 4 – a, 5 – d, 6 – f

## 45 Il y a tant de choses à faire

1. tant. – autant que 2. tant de – tant qu' 3. autant que – tant – qu' 4. autant d' – que – tant de – que 5. autant que – tant de 6. tant – que – tant de 7. tant – autant de – que 8. tant – tant

## 46 On vous l'a déjà expliqué

1. leur en ai parlé hier. 2. le lui ai promis. 3. nous les montrer? 4. je vais vous y accompagner. 5. elle ne s'y est jamais intéressée. 6. ne leur en donnez pas.

## 47 En attendant …

en recevant – en venant – Ne travaillant pas –ayant trouvé – en lisant – Voyant – parlant bien – en précisant – ayant grandi – Strasbourg n'étant plus – en prenant le train – Sachant

## 48 La dernière journée à Paris

1. Victor a envie d'aller à la Villette pour voir la Cité de la Musique. 2. On ne peut pas quitter Paris sans être monté en haut de la tour. 3. On va à la Villette avant de visiter la tour Eiffel. 4. Après avoir visité la Cité de la Musique, ils prennent le métro. 5. ils font la queue pour prendre des billets. 6. Après avoir réfléchi un moment, Max dit qu'il aimerait bien monter à pied. 7. Mais Victor est trop fatigué pour monter tous ces étages à pied. 8. Ce matin, il est sorti sans prendre / avoir pris le petit-déjeuner. 9. «Avant de monter à pied, vous devriez manger quelque chose». 10. Victor voit ses deux amis arriver, après (les) avoir attendu(s) longtemps.

## 49 Il faut que vous fassiez attention!

1. veut 2. avez 3. réponde 4. soyez 5. reçoive 6. boives 7. dises 8. excusiez 9. prends 10. fait 11. puisses 12. plaira 13. allions 14. soient 15. comprenne 16. faut

## 50 Tout compris?

1. Il a tant voyagé qu'il connaît presque tous les pays.
2. Je n'aime pas la tour Montparnasse autant que la tour Eiffel.
3. J'ai autant de sœurs que de frères. 4. Ne parle pas tant, viens m'aider. 5. J'aimerais bien retourner à Paris. J'ai tant de bons copains / amis, là-bas.

## 51 Vous aurez vite terminé

| 1. ils ont dû | tu devras | nous aurons dû |
|---|---|---|
| 2. elles se sont levées | nous nous lèverons | ils se seront levés |
| 3. tu as envoyé | il enverra | elle aura envoyé |
| 4. nous sommes allé(es) | vous irez | je serai allé(e |
| 5. il a couru | nous courrons | vous aurez couru |
| 6. on a mis | elle mettra | tu auras mis |
| 7. tu as eu | vous aurez | il aura eu |
| 8. je me suis plaint(e) | nous nous plaindrons | ils se seront plaints |
| 9. il a fallu | il faudra | il aura fallu |
| 10. elles ont été | ils seront | vous aurez été |
| 11. il a fait | je ferai | nous aurons fait |
| 12. je me suis ennuyé(e) | ils s'ennuieront | elle se sera ennuyée |
| 13. vous avez offert | tu offriras | ils auront offert |

# Lösungen

| 14. nous avons appris | j'apprendrai | vous aurez appris |
|---|---|---|
| 15. il a tenu | nous tiendrons | tu auras tenu |
| 16. elles sont sorties | vous sortirez | elle sera sortie |
| 17. on a préféré | elle préfèrera | nous aurons préféré |

## 52  Que nous apportera l'avenir?

1. aura disparu – aura 2. n'existera plus – aura 3. auront découvert – pourra – mourra 4. aura permis – ne sera plus 5. auront enfin réussi – auront détruit – ne pourra plus 6. aura construit – en auront envie – pourront 7. auront compris – n'essaieront plus

## 53  C'est sûr que vous pouvez le faire.

1. soyons 2. revienne 3. jouions 4. fait 5. ayez 6. blessiez 7. coures 8. puisse 9. écris 10. lis 11. réfléchisses 12. soit 13. devons 14. mette 15. trouvions 16. voie

## 54  Cet exercice est-il difficile?

1. A quelle heure / Quand le train arrive-t-il à Marseille?
2. Comment votre fille s'appelle-t-elle? 3. Quand allez-vous faire / Quand est-ce que vous allez faire du ski? 4. Pourquoi tes / vos parents n'ont-ils pas acheté cette voiture? 5. Où les jeunes vont-ils loger pendant leur séjour à Paris? 6. Malika ne t'a-t-elle / vous a-t-elle pas / jamais parlé de ses cousins de Marrakech? 7. Quels pays ton / votre amie américaine a-t-elle visités quand elle est venue en Europe? 8. Comment Elodie va-t-elle au lycée?

## 55  Tout compris?

**a** 1. Je te dirai combien coûtent les billets quand je me serai renseigné(e). 2. Attends, nous viendrons t'aider quand nous aurons pris notre petit-déjeuner. 3. Quand les enfants se seront endormis, la baby-sitter allumera la télé. 4. Quand elle aura rangé ses affaires, elle aura le temps de s'amuser.
**b** 1. Pourquoi Nathalie n'est-elle pas venue à la fête?
2. D'où ta famille vient-elle? 3. Quelle note le prof t'a-t-il donnée pour ton exposé? 4. *nicht möglich* 5. A quelle heure le film commence-t-il?

## 56  Une journée chez Mme Merkel

6:00: Mme Merkel s'est levée, s'est habillée et a pris / son mari lisait
8:00: Ses conseillers sont tous allés / car il était
9:00: Mme Merkel a reçu / qu'elle a (avait) convoqués
12:00: Les journalistes ont quitté / ils avaient l'air / ils ont discuté / ils sont retournés
12:30: C'était l'heure / Quand les ministres ont vu / le cuisinier a (avait) préparés / ils étaient / ça allait être bon / est arrivée
13:00: Elle les a invités / Elle leur a parlé
14:00: elle est partie
14:30: qu'elle y a rencontrées / étaient très engagées

17:00: La rencontre était / Mme Merkel était
19:00: elle a regardé / qu'on y a annoncées (annonçait) / n'étaient pas
19:30: Elle s'est occupée / elle a compté / il en restait
23:00: Il était / elle est montée

## 57  Top model

rêvait / s'est présentée / avait / espéraient / portait / a rencontré / a parlé / as déjà faits / as préférés / as déjà gagnés / a appelé / avait / devait / était / fallait / se sentait / craignait / a annoncé / a-t-il choisies / allait / a lu / ont pas réussi / a regardé / semblaient / a entendu / est parti

## 58  Quelles copines!

Avant de partir, elles *se sont téléphoné* pour savoir où se retrouver. Chloé raconte:
Hier, nous *nous sommes retrouvées* au centre-ville. Charlotte *s'est arrêtée* devant chaque magasin. Nous *nous sommes baladées* deux heures et nous *nous sommes acheté* des vêtements très chouettes pour draguer les garçons. Nous étions contentes parce que nous *nous étions bien débrouillées* avec l'argent que nous avions.
Zut! C'était Léo, mon ex! Ils *se sont assis* sur un banc, ils *se sont regardés* dans les yeux, et ils *se sont dit* des mots gentils. Puis Léo *s'est levé* et *s'est moqué* de moi. Ça m'a énervée! Enfin, il est parti. Charlotte m'a raconté qu'ils *s'étaient écrit* des SMS amoureux. Mais c'est un baratineur, ce Léo, je le connais! Alors Charlotte et moi, nous *nous sommes disputées* et je *me suis mise* à pleurer.

## 59  Quand j'aurai voyagé ...

**a** 1. découvriront / auront découvert 2. s'installeront / se seront installés 3. inventeront / auront inventé 4. arriveront / seront arrivés 5. partiront / seront partis 6. détruiront / auront détruit
**b** 1. Quand elle aura voyagé …, elle encouragera … 2. Quand elle aura fondé …, elle organisera … 3. Quand elle aura créé …, elle proposera… 4. Quand les élèves auront fait …, ils y retourneront… 5. Quand ils auront connu …, ils les feront connaître… 6. Quand ils seront revenus …, ils parleront …

## 60  Autour du monde

**a** serais – pourrait – achèterais – offrirais – ferais – voyagerions – auriez
**b** 1. que des arbres *seraient tombés* sur des voitures,
2. qu'il y *aurait eu* des morts, 3. que beaucoup de maisons *auraient perdu* leur toit, 4. que les habitants *auraient quitté* leurs maisons, 5. que toutes les plantations de bananes *auraient été* détruites, 6. que les hôpitaux *auraient soigné* beaucoup de blessés.

## 61  Il faut que tu fasses cet exercice!

**a** que Mélanie aille vivre 2. que tu deviennes 3. qu'ils élisent 4. que vous critiquiez toujours 5. que nous devions 6. que c'est
**b** 1. voie 2. sortiez 3. aies 4. ailles 5. sois 6. demandions 7. saches 8. puissent

75

# Lösungen

## 62 Une bonne ambiance

*Mère:* Ah, Samira, je crois que ton père *vient / va venir* dans deux minutes. J'espère que vous *ne vous disputerez pas / n'allez pas vous disputer.* Tu sais que je n'*aime* pas ça. J'espère que vous *êtes / serez* assez intelligents pour comprendre. Il est important qu'il y *ait* une bonne ambiance dans la famille. Moi, je suis heureuse que ton père *vienne* te rendre visite.
*Samira:* Oui, mais j'ai peur qu'il ne *veuille* pas que je participe au projet de l'école.
*Mère:* Ne t'inquiète pas, je suis sûre que ton père *comprendra.*
*Mère:* Bonsoir, André. Il est important que tu *fasses* attention à ce que Samira veut te dire.
*Samira:* Papa, mon professeur de français voudrait que je *prenne* un rôle important dans une pièce de théâtre. Mais le professeur veut que j'*aie* Nicolas comme partenaire.
*Père:* Ecoute! Je trouve bien qu'il *choisisse* une fille comme toi, mais je ne pense pas que ce *soit* une bonne idée.
*Samira:* Je te dis que notre prof exige que nous *jouions* ensemble!
*Mère:* Samira, je propose que ton père *aille* voir ton professeur et qu'il lui *dise* que ce *n'est pas* bien car vous avez eu une relation amoureuse qui est terminée.
*Père:* Tu crois qu'il faut que le professeur le *sache*? Moi, je ne suis pas sûr et je n'ai pas envie d'aller lui parler. Pourquoi est-ce que tu n'y vas pas toi-même, Odette?
*Mère:* Euh …

## 63 Au terrain de camping

**a** 1. [gérondif impossible car 2 sujets différents]: Si nous savions jouer aux boules, … 2. On pourrait apprendre les règles en observant les joueurs, non? 3. Il montrait sa joie en criant et en sautant. 4. Ils jouaient en rigolant et en se critiquant. 5. gérondif impossible car 2 sujets différents (il-je): S'il ne gagnait pas chaque fois, …
**b** 1. T: Patrick s'est approché de Camille, et en même temps, il lui a souri. 2. T: Puis il l'a aidée à lancer des boules et en même temps / pendant qu'il lui expliquait comment faire.
M: Puis il l'a aidée à lancer des boules ainsi: il lui a expliqué les mouvements. 3. C: Il a pensé: «Si je n'étais pas si timide, j'en profiterais pour la draguer. 4. T. Je vais l'inviter à la piscine pendant que je discuterai avec elle. 5. C. Si elle n'acceptait pas mon invitation, elle me blesserait.»

## 64 Pique-nique à la campagne

**a** Ayant faim, nous … – … des avions volant juste … – … là, espérant que … – Julie n'aimant pas les fromages … – Maman sachant qu'elle … – Mais lui donnant son sandwich, il l'a … – … nous, préférant regarder … – chiens courant après … – Etant très fatigués, nous …
**b** 1. Comme nous avions fini notre sieste, nous avons voulu repartir. (C) 2. Quand elle a regardé autour d'elle, Maman s'est aperçue que la voiture n'était plus là. (T) / Maman, qui regardait autour d'elle, s'est aperçue que la voiture n'était plus là. (R) 3. La voiture, qui avait roulé toute seule, s'était arrêtée au bord de la rivière. (R) 4. Papa, qui voulait consoler Nathalie, l'a fait pleurer. (R) 5. Heureusement, comme la voiture n'était pas cassée, nous avons pu continuer notre voyage. (C)

## 65 Avec des si …

**a** 1. Si vous ne prenez pas l'avion de 5h30, vous n'*arriverez* pas 2. Si tu ne *lis* jamais le journal, comment veux-tu … 3. Tu ne tomberas jamais malade si tu *manges* …
**b** 1. Les échanges scolaires avec la France ne seraient pas possible si l'OFAJ … 2. Si j'étais malade, je n'appellerais jamais … 3. Si l'UE interdisait la bière, les Allemands …
**c** 1. Si j'avais préféré habiter, je n'aurais pas … 2. Je n'aurais jamais eu envie de déménager si je m'étais habitué(e) … 3. S'il n'avait pas été aussi fatigué, il aurait eu …

## 66 Si j'avais su …

1. il aurait oublié 2. j'irai voir 3. nous ne sortirions 4. je l'éviterais 5. je ne lui dirai plus 6. si nos copains n'avaient pas organisé 7. Si j'avais su 8. Tout serait

## 67 De bonnes notes

1. Quand elle quittera / elle ira 2. quand elle sera 3. Si elle a, elle réussira 4. Si elle obtient / Quand elle obtiendra 5. Si elle continue / elle pourra 6. Si son lycée propose / elle choisira 7. quand elle aura / elle pourra

## 68 Jusqu'à la fin de ma vie

1. ce qu'ils avaient vendu ce jour-là 2. qu'il avait vendu des fruits et des légumes. 3. pourquoi il / le journaliste avait posé cette question. 4. depuis combien de temps il faisait ce métier. 5. qu'il l'exercerait jusqu'à la fin de sa vie. 6. s'il avait beaucoup d'animaux là et il a aussi demandé qui s'en occupait. 7. que jusqu'à la veille, c'était sa femme. Mais (il a rajouté) qu'à partir du lendemain, ce serait sa fille.

## 69 Vous avez déjà fait du surf?

**a** 1. Qu'il avait vu la veille … 2. Qu'ils aimaient … 3. Que certains aimeraient apprendre … 4. que le lendemain, Carine et lui feraient … **b** 1. si nous aurions aimé … avec eux. 2. ce qui nous faisait peur quand nous étions … 3. si nous faisions … 4. pourquoi nous n'avions pas appris …

## 70 Qui va gagner la Coupe du monde?

1. Un enfant a été blessé par un chien hier soir. 2. Un homme aurait été tué par un singe. 3. La Coupe du monde sera gagnée par l'équipe de France. 4. Toutes les vaches malades avaient été tuées par le paysan avant d'être brûlées. 5. Les Jeux Olympiques vont être ouverts par le roi. 6. Un énorme poisson a été vu dans la mer Méditerranée par des touristes. 7. 32 voitures auraient été brûlées par des jeunes dans la nuit de mercredi à jeudi. 8. Notre pays sera représenté par le chef de l'Etat. 9. Une maison neuve a été entièrement détruite par un feu. 10. Il faut que l'élève soit convoqué par le directeur.

# Lösungen

## 71 Au voleur!

1. On m'a volé mon porte-monnaie. 2. On parle français dans beaucoup de pays. 3. Le cyclone a détruit cette tour. 4. Quand est-ce qu'on mange? / Quand mange-t-on? / On mange quand? 5. Le café se boit aussi avec du lait. 6. On construira bientôt / va bientôt construire un nouveau pont. 7. On élit le président français tous les 5 ans. 8. On n'a encore rien décidé et on ne m'a pas demandé. 9. Ça ne se fait pas. 10. «Strasbourg» s'écrit avec un «s» et «ou» en français. 11. Ici, on parle français.

## 72 A l'hôpital ...

1. laisse  2. fait 3. faire  4. font 5. faisons 6. laissons 7. laisser

## 73 Quelle journée!

1. Avant d'aller à l'hôpital, elle avait acheté des fleurs dans un magasin. / Après avoir acheté des fleurs dans un magasin, elle est allée à l'hôpital. 2. Dans la chambre, Mélanie l'a embrassé sans pouvoir le prendre dans ses bras. 3. [Infinitif impossible] *Le médecin est entré dans sa chambre pour que Nathan prenne un médicament.* 4. [Infinitif impossible] *Mélanie est restée deux heures sans que Nathan puisse quitter son lit.* 5. Le soir, elle a dessiné des cœurs pour ne jamais oublier Nathan. 6. Elle a joué du piano après s'être occupée de son courrier. / Après s'être occupée de son courrier, elle a joué du piano. / Elle s'est occupée de son courrier avant de jouer du piano. / Avant de jouer du piano, elle s'est occupée de son courrier. 7. Elle a arrêté son téléphone pour ne parler à personne. 8. Elle s'est endormie sans s'être lavé les dents/sans se laver les dents.

## 74 Tu as un numéro de portable?

1. Quel jour avez-vous l'intention d'arriver? 2. Est-ce que vous avez un numéro de portable? 3. La chambre a-t-elle une belle vue sur la mer? 4. Elle est à quel étage? 5. Elle fait combien? 6. Pouvez-vous nous proposer une chambre moins chère? 7. Chéri, le camping n'est-ce pas / ne serait-ce pas la solution idéale? – le camping n'est-il pas / ne serait-il pas la solution idéale?

## 75  Au festival

1. ils ne veulent jamais / ne veulent pas toujours 2. ne doivent plus / (ne doivent pas encore) 3. ne se sont pas encore rapprochés 4. Personne n'est / Pas tous sont / Aucun n'est 5. ne sont allés ni au P.E. ni au Conseil de l'Europe / ne sont pas allés au P.E. ni au Conseil de l'Europe. 6. Ni les profs ni les animateurs ne les ont accompagnés. 7. Ils n'y ont pas rencontré beaucoup d'hommes politiques. / Ils y ont rencontré peu d'hommes politiques. / Ils n'y ont rencontré personne. / Ils n'y ont rencontré aucun homme politique. 8. Rien ne / (Pas tout ne) leur a plu 9. n'ont pas vu de(s) 10. ils n'ont rien aimé / n'ont pas tout aimé 11. Ils n'ont aimé ni la bière ni les spécialités. / Ils n'ont pas aimé la bière ni les spécialités. 12. ne jamais y retourner / ne pas y retourner.

## 76 Tu me le donnes?

**a**

|         | les CD.         | la clé / le ticket.       |
|---------|-----------------|---------------------------|
| J'ai    | Je les ai.      | Je l'ai.                  |
| J'ai eu | Je les ai eus.  | Je l'ai eue. / Je l'ai eu.|
| Je vais avoir | Je vais les avoir. | Je vais l'avoir.     |

|         | mes parents.        | mon oncle/ma tante.   |
|---------|---------------------|-----------------------|
| Il téléphone. | Il leur téléphone. | Il lui téléphone. |
| Il a téléphoné. | Il leur a téléphoné. | Il lui a téléphoné. |
| Il doit téléphoner. | Il doit leur téléphoner. | Il doit lui téléphoner. |

|         | la voiture.        | le train.        |
|---------|--------------------|------------------|
| Je prends | Je la prends.    | Je le prends.    |
| J'ai pris | Je l'ai prise.   | Je l'ai pris.    |
| Je veux prendre | Je veux la prendre. | Je veux le prendre. |

**b** 1. Oui, je **le lui** ai demandé. / Non, je **ne le lui ai pas** demandé. 2. Oui, «Présentez-**les-lui**.» / Non, «**Ne les lui** présentez **pas**.» 3. Oui, il **la leur** dit / Non, il **ne la leur** dit **pas**. 4. Oui, il **me les** raconte. / Non, il **ne me les** raconte **pas**. 5. Oui, je **vous l'**expliquerai. / Non, je **ne vous l'**expliquerai **pas**. 6. Oui, il **me l'**a proposé. / Non, il **ne me l'a pas** proposé.

## 77 Tu es rentrée des Etats-Unis?

**a** 1. Elle y avait voyagé. / Elle n' y avait pas voyagé. 2. Il va y travailler. / Il ne va pas y travailler. 3. Tu en es rentrée? / Tu n'en es pas rentrée? 4. Elles en viendront. / Elles n'en viendront pas. 5. Je vais bientôt en revenir. / Je ne vais pas bientôt en revenir (bientôt).
**b** 1. Il *les lui* a signés. 2. Il adore *les y* rencontrer. 3. *leur en* donne. 4. Je *lui en* ai parlé. 5. Il *leur en* a offert. 6. Il *les y* a invités.

## 78 La dernière fête du collège

**a** 1. quelques 2. Certains 3. D'autres 4. d'autres 5. Chacune 6. Certains 7. tous / toutes 8. Certains 9. Plusieurs 10. aucun / aucune 11. divers / différents 12. n'a pu ni… ni 13. Rien ne 14. Personne n'
**b** 1. f) – 2. b) – 3. e) – 4. d) – 5. a) – 6. c)

# Lösungen

## 79 Excusez-moi, Monsieur le Président …

1. «Ici, c'est le président de la République. Il a plusieurs frères. Là, avec **son** frère Alain, ils admirent ensemble une voiture de sport, mais elle ne leur appartient pas. Ce n'est pas **la leur**! 2. Voilà la princesse Nour. A l'époque, elle habitait encore chez **ses** parents. Mes parents ont eu quatre enfants, mais je ne sais pas combien **les siens** en ont eu. Tu le sais, toi? 3. Là, ton père et moi, nous discutons de nos enfants avec les nouveaux voisins, la famille Belmondo. Nous leur demandons: «Quel âge ont **vos** enfants? » Ils répondent: **nos** enfants? Ils ont 8 et 10 ans. Et **les vôtres**?». **Les nôtres**? Ils ont 9 et 11 ans. Super! Comme ça, ils peuvent jouer ensemble! » 4. Sur cette photo, Konrad Adenauer vient de trouver des lunettes. Il demande à Charles de Gaulle: «Excusez-moi, Monsieur le Président, ce sont **vos** lunettes»? – « Non, désolé, ce ne sont pas **les miennes**.»
5. Et là, c'est mon cousin Alain Delon. Il me demande: «Ma chère Anne, comment vont **tes** parents?» Je lui réponds: «Ils sont en bonne santé, merci. Je ne peux pas me plaindre. Et comment vont **les tiens**?»

## 80 Tu as vu mes DVD?

ce lecteur. – ces jeux – cela ne me plaît pas – celle-ci / celle-là ou celle-là / celle-ci – ceux – ces DVD – c'est celui de cet ami – cette amie

## 81 Tu veux des frites?

**a** 1. 500 grammes de tomates. 2. assez de tomates? 3. beaucoup d'autres choses. 4. avec beaucoup de frites. 5. pas de poulet ni de légumes! 6. du poisson avec du beurre! 7. des sandwichs avec du fromage et des œufs. 8. je n'aime pas les oeufs. 9. 2 kilos d'oranges. des 10. du café et de l'eau minérale. 11. Tu n'achètes pas de vin? 12. des boissons sans alcool!
**b** 1. On fait fondre une tablette de chocolat avec 1 / 8 de litre d'eau. 2. on y ajoute 125 grammes (g) de beurre, une tasse de farine et 1 / 2 paquet de levure. 3. 3 œufs, 250 grammes (g) de sucre et un peu d'eau. Puis, on mélange dans la casserole avec un peu de sel. 4. le tout; un gâteau d'un kilo. 5. avec du sucre glace ou du chocolat fondu.

## 82 A propos de ma cité

Voici la cité **où** je suis née. **Ce qui** ne va pas ici, ce sont ces grands immeubles **dont** on parle beaucoup dans les médias et **qui** semblent être sans vie. Leurs habitants, **dont** s'occupent les services sociaux de la mairie, sont très pauvres parce qu'ils trouvent difficilement du travail. La vie est dure ici, mais **ce que** je trouve sympa dans nos quartiers, c'est que tout le monde se connaît. J'habite depuis 21 ans dans cette même cité, et j'ai des rêves. **Ce que** j'aimerais, c'est que la maison **dont** je rêve chaque nuit devienne réalité. Et **ce qui** me plairait, ce serait de quitter un jour le quartier et de devenir un écrivain connu comme Azouz Begag, **qui** est d'origine algérienne, comme moi. Il va venir faire une conférence dans notre quartier et il va parler de son dernier livre **que** j'ai déjà lu deux fois. Azouz Begag a aussi été ministre de 2005 à 2007, et **ce qui** serait super, c'est qu'il donne de l'espoir à tous les autres jeunes du quartier.

## 83 Devinettes

1. un objet qu'on utilise: un chariot. 2. une femme qu'on ; une paysanne. 3. une femme qui suit ; musulmane. 4. un homme qu'on peut ; un agriculteur. 5. objet que les gens : une montre. 6. film qui sert: une bande-annonce. 7. C'est là que : un tribunal. 8. animaux qui sont : des ânes. <u>Solution:</u> le Cameroun.

## 84 Ville ou campagne?

*Marius:* **D'où** venez-vous?
*Pierre:* Je viens de Paris. Vivre à Paris, c'est ce **dont** j'ai toujours rêvé. J'adore la Tour Montparnasse, **d'où** je peux voir tout Paris. Mais vous, vous avez bien l'accent de la région **d'où** vous venez.
*Marius:* Ah, moi, je suis heureux ici à Marseille. Je suis un vrai habitant du Midi **d'où** rien ne me ferait partir. Mais vous êtes né à Paris?
*Pierre:* Non, pas du tout. Mon père, **dont** la famille est belge, est venu en France à l'âge de 34 ans. L'entreprise **dont** il s'occupait en Belgique ne marchait pas bien. A ce moment-là, on lui a proposé un travail à la Défense. C'était une très belle occasion **dont** il s'est méfié au début, mais **dont** il a finalement profité. Bruxelles, **d'où** nous sommes partis, est une ville très agréable à vivre. Mais que faire?
*Marius:* Et bien, venez chez moi à Marseille. Il y a tout ce **dont** on a besoin: la mer, le soleil, les plages …
*Pierre:* Mais il y a une chose là **dont** vous n'êtes pas fiers …

## 85 Duquel s'agit-il?

**a** 1. dont, qui, que. 2. où, qui, que 3. dont, que, qui. 4. où, dont, qui
**b** 1. près de laquelle – à laquelle 2. grâce auxquels – dans lesquels 3. pendant lequel – auquel 4. à cause desquelles – auxquelles 5. en face duquel – selon lequel

## 86 Musique, musique …

1. Laquelle? 2. De laquelle? 3. Auquel? 4. Dans lequel? 5. auxquelles? 6. A qui?- Auquel? 7. Desquelles? 8. Auxquelles? 9. Lequel?

## 87 Besoin d'amour?

1. Elle va proposer à ses voisins de fêter le Nouvel An ensemble. 2. Elodie demande de l'argent de poche à ses parents. 3. Catherine remercie son frère de son aide. 4. Eric nous invite à regarder un DVD chez lui. 5. Marc veut aider son oncle à réparer son ordinateur. 6. Mes copains sont arrivés à s'arrêter de fumer. 7. J'ai oublié de fermer la porte. 8. Nous avons tous besoin d'amour. 9. Elle ment à son ami.

## 88 A travers la Provence

**a** 1. Depuis – à travers – en 2. D'après nous / A notre avis – au – en 3. (A la) Fin juillet – en direction du / vers le – au 4. en – sur la 5. en – malgré – du – au 6. De – à – le 7. près de. 8. dans
**b** 1. Du début à la fin – pendant 2. par 3. devant / à côté de 4. A cause des – grâce aux – il y a 5. sur – à côté de / devant

# Lösungen

## 89 La belle vie

Dans une *grande ville* comme Paris, il y a des *activités intéressantes*, mais la vie y est *chère*. Avoir un *bel appartement* ou une *belle maison*, ce n'est pas *évident*. Aujourd'hui, qui peut habiter les *beaux quartiers*? Et puis, il y a les *gens agressifs* et les *longues heures* qu'on passe à faire la queue. Sans oublier les *problèmes typiques* de Paris, comme le *métro sale* et les *rues bruyantes*. Mais Paris est aussi une *métropole internationale* avec beaucoup d'*entreprises étrangères* et d'*organismes internationaux* comme l'UNESCO. On y voit aussi des *beaux parcs*, des *vieilles églises*, mais aussi des *nouveaux musées connus* dans le monde entier.

## 90 Naturellement!

**a** 1. Evidemment 2. méchamment 3. différemment 4. énormément / énormément 5. mieux 6. gentiment 7. lentement 8. bien 9. élégamment 10. joliment 11. mal 12. vraiment
**b** 1. Il a payé sa voiture cher. 2. Il aime parler fort. 3. Elle ne sait pas chanter juste. 4. Est-ce que le fromage sent bon ou mauvais? 5. Les déménageurs travaillent dur. 6. Allez tout droit! 7. Il a fait mauvais temps hier.

## 91 Une nouvelle voiture

**a** plus belle que – moins jolie que – la plus vieille des – aussi petite que – la moins chère de – la plus grande des – meilleur que – la meilleure
**b** 1. *mieux qu'*en concert. 2. *plus vite que* l'éclair! 3. *moins longtemps / longuement que* la dernière fois. 4. *aussi gentiment que* tu peux. 5. *aussi mal que* moi à l'école! 6. *moins facilement que* Stéphanie.

## 92 En France, il y a plus de chiens…

1. En France, il y a *plus de montagnes qu'*en Allemagne. 2. En Belgique, il y a *moins de plages qu'*au Portugal. 3. En Angleterre, il y a *autant d'habitants qu'*en Espagne. 4. En Grèce, il y a *autant de* voitures *qu'*en Belgique.

## 93 Tous les temps

**a**

|  | imp. | futur | cond.1 | subj. |
|---|---|---|---|---|
| nous allions | x |  |  | x |
| tu liras |  | x |  |  |
| il essayait | x |  |  |  |
| ils recevraient |  |  | x |  |
| vous ayez |  |  |  | x |
| elles étudiaient | x |  |  |  |
| vous choisissiez | x |  |  | x |
| ns. ns. allongerons |  | x |  |  |
| ils croiraient |  |  | x |  |
| tu remercieras |  | x |  |  |
| elle écouterait |  |  | x |  |

|  | imp. | futur | cond.1 | subj. |
|---|---|---|---|---|
| nous fassions |  |  |  | x |
| vs. vs. ennuieriez |  |  | x |  |
| tu prieras |  | x |  |  |
| elle éteindrait |  |  | x |  |
| je ferai |  | x |  |  |
| ils mettraient |  |  | x |  |
| elle suivait | x |  |  |  |
| ns. ns. apercevrions |  |  | x |  |
| tu comprennes |  |  |  | x |
| elle partait | x |  |  |  |
| elle enverra |  | x |  |  |
| vous iriez |  |  | x |  |
| tu entendras |  | x |  |  |
| il écrivait | x |  |  |  |
| ns. payerions |  |  | x |  |
| je méritais | x |  |  |  |
| tu recevrais |  |  | x |  |
| je me lèverais |  |  | x |  |
| nous craignions | x |  |  | x |

**b** Mais c'est la radio *Skyrock* qui a permis de faire connaître le rap à travers la France en *jouant* des artistes comme NTM ou Diam's. Après *avoir connu* un succès rapide dans les banlieues, c'est devenu un genre musical qui *plaît* aux jeunes de tous les quartiers.
Bien que vous *ayez* un discours politique, beaucoup de gens pensent que le rap *transmet* un message de violence. Faut-il alors qu'on l'*interdise*?
Si les rappeurs attaquaient moins la politique, ils *auraient* certainement moins de problèmes. Mais je suis heureuse que nous *puissions* exprimer dans nos textes ce que la jeunesse *veut* exprimer en général. Et il est important que le gouvernement *sache* ce qui se passe dans les banlieues. J'ai d'ailleurs écrit au président de la République et j'espère qu'il *recevra* la lettre que je lui *ai envoyée* car il faut faire quelque chose avant qu'il y *ait* des problèmes encore plus graves.
Vous voulez que votre message *soit* positif, alors pourquoi est-ce que les groupes de rap *continuent* à écrire des textes agressifs?
Avant *de critiquer* le rap, il faut d'abord prendre le temps de l'écouter. J'aimerais aussi que les gens *comprennent* que c'est une forme d'art.

## 94 Rouge comme une tomate

1. Ce matin, quand elle est arrivée à l'école, Lola a rencontré Mehdi. 2. … Il lui a dit ainsi / de la façon suivante: il a ri. 3. … «Comment Mehdi sait-il que je suis amoureuse?» 4. Si tu écoutes bien le professeur, tu auras de meilleures notes. 5. «Pourquoi le prof était-il en colère? 6. Tes parents lui ont-ils téléphoné? 7. «Demain, quand je sortirai de l'école, je dirai à Mehdi que je l'aime.»

# Lösungen

## 95 Dans la banlieue de Paris

C'était une mère **dont** le fils … / son fils de 18 ans **qui** marchait tranquillement. Le soir, tous les habitants du quartier **en** parlaient. **Ce qui** m'avait fait peur, … / Je **le** connais … / Il va chaque été au Maroc **où** il est né. / Il aime parler avec **eux**, **les** aider et **leur** expliquer des choses. / **Ce que** j'aime aussi en lui, c'est la façon **dont** il s'habille … / Je suis allé le voir à l'hôpital, **ce qui** lui a fait très plaisir. / Ses amis **y** étaient aussi / Le lit, en face **duquel** il y avait la télé et sur **lequel** il était allongé était entièrement neuf, comme le bâtiment dans **lequel** se trouvait sa chambre. / Mehdi s'**y** sentait déjà bien. Pour l'amuser, ses amis et moi, nous **lui** avons raconté des histoires drôles. / …, ses copains sont rentrés chez **eux**, et moi, je suis resté avec **lui** jusqu'à la nuit.

## 96 Le voisin du dessus

1. Elle préfère les commenter 2. Ils ne pourront pas y goûter 3. Tu espères leur rendre visite 4. Tu n'aimerais pas en faire? 5. Audrey va venir à la mer en profiter. 6. Juliette a aidé son voisin du dessus à l'acheter 7. Je vais essayer de lui demander mon chemin 8. Nous n'avons pas encore commencé à en discuter

## 97 Discussion chez les profs

1. leur faire lire 2. le lui ferai visiter 3. les fait entrer 4. le leur laisser voir 5. leur laisser / les laisser faire 6. Fais-la leur décrire 7. les laisse sortir

## 98 Une famille de globe-trotters

1. Mes grands-parents sont nés à New York et vivent encore **aux** Etats-Unis: ce sont des **Américains**. Au XIXe siècle, leurs propres grands-parents étaient partis **d'**Espagne ou **du** Portugal pour venir s'installer **aux** Etats-Unis.
2. Mes grands-parents viennent souvent **en** France pour nous rendre visite. Ils aiment aller **en** Bretagne et **en** Alsace, mais ils voyagent aussi partout **en** Europe. Ils aiment l'Europe et ses habitants, les **Européens**. Mais ils ne vont jamais dans les pays du Nord, par exemple **au** Danemark, car ils n'aiment pas le froid.
3. Nous, nous passons nos vacances **en** Autriche, **en** Suisse, **au** Luxembourg et parfois **en** Allemagne, là où il y a de la bonne bière. Mon père adore aller là-bas, il dit toujours: «Ils sont drôles, ces **Allemands**! Ils aiment la bière!» Mais nous aimons aussi faire des voyages en bateau. Nous partons par exemple **de** France pour aller **en** Espagne. Là-bas, nous rendons visite à nos amis **espagnols**. Ensuite, nous partons d'Espagne pour aller juste à côté, **au** Portugal. Puis nous repartons **du** Portugal pour aller **en** Afrique, par exemple **au** Maroc. Puis, nous partons **d'**Afrique et nous allons **en** Corse ou **en** Italie. Comme ça, nous découvrons des paysages très différents. Quelle chance, n'est-ce pas?

## 99 A 100%!

**a** 1. Le 1$^{er}$ (premier) janvier 2. Le 19 (dix-neuf) février 3. Louis XVI (Seize) 4. Napoléon III (Trois) 5. La 9$^e$ place (neuvième) 6. Son 5$^e$ (cinquième) livre 7. Le XXI$^e$ (vingt-et-unième) siècle 8. Au 15$^e$ (quinzième) étage
**b** Les trois quarts des élèves / La moitié des enfants / Quatre élèves sur dix / quatre-vingt-dix pour cent des professeurs / les neuf dixièmes des élèves / Dix pour cent des élèves